JN323389

子どもと絵本

絵本のしくみと楽しみ方

藤本朝巳
Fujimoto Tomomi

人文書院

子どもと絵本　もくじ

もくじ

子どもと絵本

絵本のしくみと楽しみ方

はじめに――絵本と子ども

絵本とは何か

絵本は絵と文章で語られます。その内容や表現形式を見ると、絵本は「いろいろな形で情報を伝達できる」ということがわかります。絵本の外側を見ると、形や大きさはさまざまです。内側を見ると、内容は多岐にわたっています。さらに、絵本の読者はだれかと考えてみると、赤ちゃんからお年寄りまで、読者の年齢層がたいへん広いということがわかります。私たちはふだん絵本のことをよく話題にしますが、実際には「絵本とは何か」を考えないで、愛読しています。もちろん「楽しむ」ということがもっとも大切なことですから、楽しめば、それで十分です。

しかし、あらためて「絵本って何だろう」と考えると、大変興味深いもので、その間口は広く、奥行きは深いのです。ですから、今日、さまざまな人が絵本に関心をもっています。この本では、読者のみなさんと一緒に絵本の魅力や楽しみ方を考えてみたいと思っています。では、はじめに、「絵本とは何か」を、いくつかの視点から考えてみましょう。

はじめての出会い

では、まず「絵本の読者」はだれでしょうか。読者のみなさんは、先を読む前に、ここでしばらく考えてみて下さい。

たいていの方は「絵本は子どものもの」と返答されるのではないでしょうか。そのとおり、絵本の読者は子どもと考えるのはきわめて自然です。そしてこの答えは正しいと思います。しかし、絵本を楽しんでいるのは子どもだけではありません。読む人数や時間の割合からいえば、先生や親など、大人読者のほうが圧倒的に多く絵本を読んでいます。

では、今度は逆に「子ども読者にとって絵本とは何」でしょうか。この問いこそ、「絵本とは何か」を考えるに、良い手がかりになると思います。

はじめに記したいことは、「絵本は、子どもが生まれてはじめて出会う文学であり、芸術である」ということです。生まれたばかりの赤ちゃんにとって、自分を取り巻く世界は未知の世界です。幼子にわかるのは、お母さんのやさしい声やあたたかい手触り、そして発育に必要な母乳だけです。赤ちゃんはこれらのものが本能的にわかります。この温《ぬく》もりのある信頼のなかで子どもは育つのです。この信頼にあふれるつながりこそ、人が生まれてはじめて知覚する、人と人との関係です。やがて時の経過とともに、赤ん坊の世界は徐々に拡がっていきます。父親、兄弟姉妹、自分を取り巻く部屋や家屋内の様子を感じとり、さらに戸外での鳥のさえずりなどの音を知覚します。またおもちゃやさまざまな育児の道具などをとおして、少しずつ自分と他者・自分と事物との関係が理解できるようになります。経験や知識が増えるのです。

ところで、子どもの多くは、実生活で出会う前に絵本をとおして事物やできごと、すなわち、世界に出会うといえます。子どもは絵本を読んでもらうことで、語りかけ、すなわち耳からのことば（音）で育つのです。また絵本をとおして、はじめて物の形態や色や質感、さらにリズム感などにも出会います。子どもは目から入ってくる絵本のイラストレーションで育つのです。これは一人の人間にとって、大きな意味をもちます。もちろん情報がテレビやビデオなどを通して入ってくることもありますが、絵本が決定的に子どもの世界を開くことは確かです。

ところが、子どもは幼ければ幼いほど、聞きたい、見たいものを自分で選ぶことはできないのです。選んでやるのは大人です。ですから大人には、一人の人間の一回きりの人生の出発点で、よりすぐれたものを選んで与えるという大きな責任があるのです。これが食品であれば、私たちは当然のことのように栄養を考え、メニューも真剣に考えます。しかし絵本となると、慎重に選ばないで与えてしまっている大人が多いのも事実です。

また、「絵本は、子どもが生まれてはじめて出会う文学であり、芸術である」という表現は、絵本の広い読者層を考えると、次のように言いかえることも可能です。

「絵本は、大人が再び出会う文学であり、芸術である」

成長して、しばらく絵本から遠ざかっていた人が、もう一度絵本に出会って、ことばとイラストレーションに感動することがあります。絵本は決して子どもの占有物ではありません。人はいくつになっても、絵本を楽しむことができるのです。さらに、年をとって孫と一緒に楽しむことができることは幸いなことです。

いろいろな絵本

さて、本章に入る前に、絵本の種類、表現方法や形式、サイズなどについて短く触れておきます。絵本の種類とは絵本の「ジャンル」を指しています。絵本は対象年齢や内容（物語であれば、現実的なものか、空想的なものか、伝承的なものか）によって構成が異なります。その違いをよく知って読めば、絵本はより楽しめるはずです。また絵本には図鑑や事典（辞典）的なもの、教育的なもの、実用的なことを教える意図で作られたものなどもあります。読む前に、対象となる絵本がどのような内容で、どんな人を対象にして作られているか確かめておくといいでしょう。

　絵本の表現形式には、ふつうに読んで楽しむだけではなく、飛び出す絵本（びっくりさせる、造形の美しさを感じさせる）とか、何かを探す絵本（隠された人や事物を探し出す）、他にも、名画をパロディ化して楽しむなど、さらに、さまざまな素材（布、ビニール、金属など）を使用して凝《こ》った造りを楽しむ絵本、障がいのある方のために、文字の大きさや色合いを配慮した絵本などもあります。サイズも大小あり（とてつもなく大きいもの、虫眼鏡で見ないとわからないほど活字の小さいもの）、巻物風で開いたり、手繰ったりして楽しむもの、変わったものでは、読む場所（お風呂で楽しむ）を工夫したもの、最近ではタブレットなど電子機器で楽しむ絵本などもあります。こうした種類、表現の形式、素材、サイズ、読む場所なども考慮して、絵本を親子、先生と幼児、生徒、学生さんが味わい、楽しんでいただきたいと思います。最近では絵本は「〇歳から一〇〇歳まで楽しめる」といわれているように、年齢にこだわらずに楽しむことができると思います。

　また、絵本のサイズや形について考えてみるのも、絵本とは何かを知るうえで大切なことです。たとえば、オランダの人気絵本作家ディック・ブルーナの絵本を手に取ってみると、いろんなことがわかります。彼の絵本はほとんどが縦横一五・五センチメートルの正方形でできています。子どもが生まれてはじめて絵本に出会うとき、まず絵本を手で触ります。触感を楽しむのです。ですから絵本は、子どもの手の大きさに収まることが大切です。ブルーナの絵本のサイズは二〜三歳の子どもの手の大きさにもぴったり合っているのです。子どもたちは、ブルーナの絵本のことを大人より感覚的によく知っています。ブルーナ自身が「手に取って楽しく、子どもの両手に収まる大きさを求めたら、このように（縦横一五・五センチメートルの正方形）になった」と述べています。

正方形という形態も、単純で親しみやすく、小さな子どもの手でもめくりやすいといえます。彼の絵本が成功した理由の一つは、この形態にあるともいえるでしょう。この大きさと形態を用いて幼児用の絵本を作っている作家はほかにもたくさんいます。たとえばイギリスで人気のある作家ヘレン・オクセンバリー（Helen Oxenbury 1938- ）、ジョン・バーニンガム（John Burningham 1936- ）などがそうです。日本でも何人かの作家が、絵本にこの大きさ、形態を用いています。イギリスでも活躍したきたむらさとし（1956- ）も、同じような絵本を作っています。

また子どもは絵本を五感すべてで味わいます。触ったら（触覚）、次になめて、さらに噛んでみます（味覚）。ときどき歯形のついた絵本を見かけることがありますが、子どもはほんとうに噛んで確かめるのです。さらに、においをかいでみます（臭覚）。絵本は紙や糊《のり》の独特のにおいがします。作られた国や出版社によっても、それぞれ違うにおいがします。そのうえで見て

（視覚）、聞いて（聴覚）楽しむのです。

このように、絵本には様々なかたち、楽しみ方がありますが、次の章からは、その絵本が、どのようなしくみで成り立っているのか、その基本的要素について説明します。つまり絵本の特性ということです。

I

絵本のしくみ

第1章　絵本のきほん

『三びきのやぎのがらがらどん』表紙

枠（舞台）と役者

手はじめに、絵本『よあけ』（*Dawn*, 1974）で有名な絵本作家ユリー・シュルヴィッツ（Uri Shulevitz 1935-）の『絵本論』★1を参考に、絵本の絵の表現手法について考えていきましょう。

シュルヴィッツは、絵本は「枠」という舞台で、役者である「登場者」たち（人間だけにかぎりません）が動く、と説明しています。すなわち、絵本のページという枠を劇の舞台に見立てて説明しているのです。

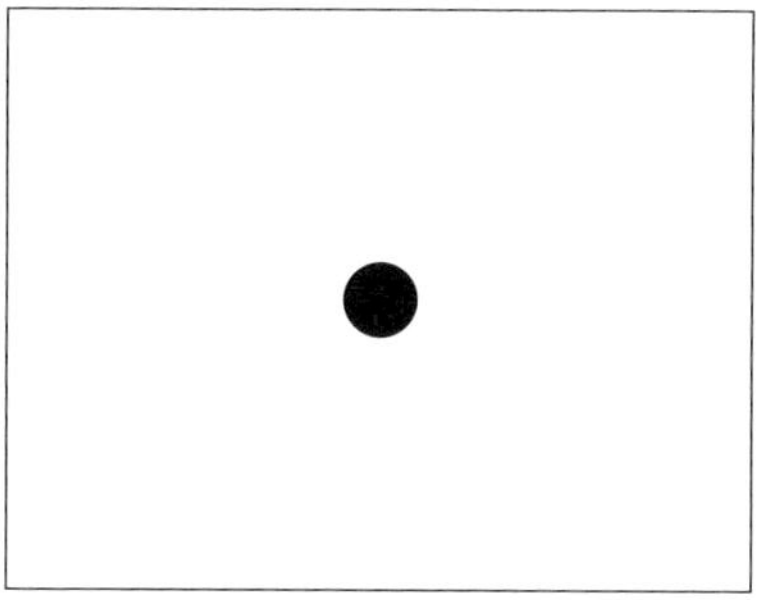

図1　枠（舞台）と役者

図1は、彼のいう枠と登場者を筆者が描いたものです。これが絵本の基本です。この枠（舞台）の中で、役者（登場者）たちが動いて、物語を展開していくのです。

さて、絵本の多くは文字を横書きで表記することが多いので、たいていの絵本では、読者の目は文字の流れを追って左から右に動きます。当然、絵も同じように左から右に動かすのです。ですから主人公は左から右に向かって動く（進む）というのが自然です。図2は、名作『三びきのやぎのがらがらどん』（*The Three Billy Goats Gruff*, 1957）の初めの見開きページですが、三

図2　見開き1

びきのやぎたちは、左ページの左下隅に位置し、これから右上の山に登ろうとしています。テキストは以下のように語っています。「むかし、三びきの　やぎが　いました。なまえは、どれも　がらがらどん　と　いいました。あるとき、やまの　くさばで　ふとろうと、やまへ　のぼっていきました。」

こうして、三びきは出発するのですが、進行方向は左から右へ、山に向かって左下から右上に動いていきます。山に登る様子を描くのですから、こう描くのはきわめて自然な描写法です。ところが、ただ左から右へ、単に左下から右上に視線を動かすだけでは絵は動きません。絵本作家は、ここでさらに工夫して、登場者を動かしていくのですが、それは、枠や背景の描き方と深い関係があります。

背景の役割

「枠」とは事物を囲む枠線をいいますが、絵本では、実

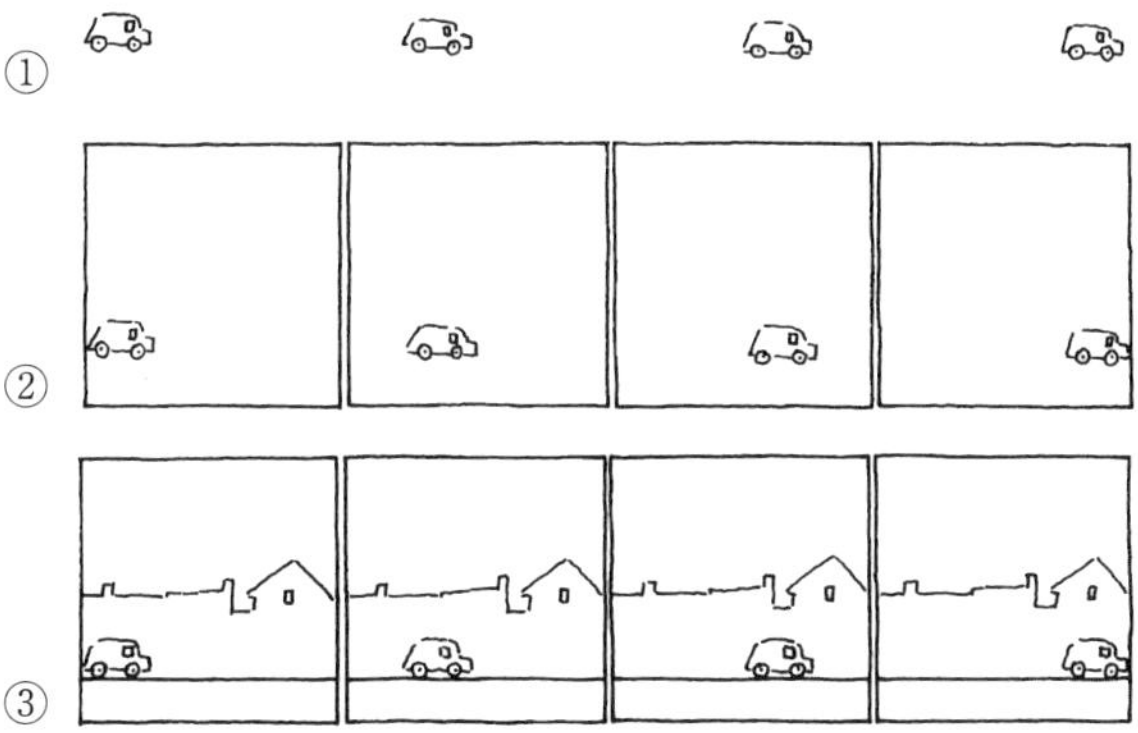

図3

際に囲む枠が描いてある場合と描いてない場合があります。この絵本は枠が描いてない例です。このような絵本では、ページ（四角の紙面）そのものを枠と考えることができます。

シュルヴィッツは以下のように、枠（舞台）と役者（登場者）の動きを説明しています（図3）。図中①～③では、どれも自動車が走っています。左から右に動いていると思って見て下さい。①では枠の線がなく、つまり舞台がありませんので、車が動いているかどうか、よくわかりません。一方、②では、車が動いていると読みとれます。なぜなら、ここには枠（舞台）がありますから、枠との関係で、車が舞台の左に登場し右から退場しようとしていると感じとれるのです。①と②では、同じ位置に車を描いてあるのに、枠のあるなしによって、このように違ってみえるのです。②のように、紙面の中に枠を置き、登場者の配置に変化をつけることで、動きが出せるのです。

図4　はしを　わたりに　やってきました。見開き6

③では、枠内に特定の背景を加えて、連続する絵に場所の感覚を与えています。この連続絵は、車がどこを進んでいるかを、はっきり示しているといえます。このように、背景を描き加えることによって、よりおもしろさが出るのです。シュルヴィッツは、こうした読みとりを「可読性 readability[★2]」（面白く読めること）と称しています。

話を『がらがらどん』にもどしましょう。図4は『がらがらどん』で、いちばん小さな一ばんめやぎに続いて二ばんめやぎが、橋を渡りにやってきた場面です。図5は、同じく、二ばんめやぎとトロルの掛け合いの場面です。以下のように語っています。

「だれだ、おれの　はしを　がたごとさせるのは」と、トロルが　どなりました。

「ぼくは　二ばんめやぎの　がらがらどん。やまへ　ふとりにいくところだ」と、その　やぎは　いいました。

図5　見開き7

まえの　やぎほど　ちいさいこえではありません。
「ようし、きさまを　ひとのみにしてやるぞ」と、トロルが　いいました。

図6は、にばんめやぎが難を逃れて、山に逃げ去る場面です。

「おっと　たべないでおくれよ。すこし　まてば、おおきいやぎの　がらがらどんが　やってくる。ぼくより　ずっと　おおきいよ」
「そうか、そんなら　とっとと　きえうせろ」と、トロルがいいました。

さて、図4と図5を見比べてわかることは、シュルヴィッツの説明図と同じように、役者であるやぎが見開きページの枠という舞台の上を確かに進んでいるということです。

図6　とっとと　きえうせろ。見開き8

両図では、やぎの位置そのものはあまり動いていないように見えますが、橋や手前の岩を見ると、図5では図4に比べてずっとズームアップして、やぎが橋の終わり近くまで進んでいるということが読みとれます。やぎそのものを動かすというより、他を描き加えることで、移動していることを示しています。

さらに図5と図6を比べると、シュルヴィッツの枠の説明と同じように、画家は、背景の山やエゾ松の位置、橋の大きさを変えています。やぎの配置を見ると、図4と図5では左ページに配置してありますが、図6では、右ページに配置してあります。登場者を左右のどちらのページに描くかということは、絵本では重要なことなのですが、画家は的確にやぎを配置して、左から右へと移動させているのです。

一ページめくる間に、このような絶妙なページ配置、顔の向き、やぎとトロルの位置の入れ替わりがあり、登場者を動かしているのです。『がらがらどん』の絵の巧さは、このような描き方にもあるといえましょう。

「間」の配置と読み方

絵本の基本で、もう一つ重要な点を述べておきましょう。絵本はページをめくっ、、て楽しい、、、む表現媒体であるということです。多くの絵本はページを右から左に一枚ずつめくって楽しみます。この人間的な動作が原始的でいいのですが、この時、絵本表現にとって重要なことが起こります。それはページをめくる時に、ページとページの間に、一種の断絶となる「間」ができるということです。

絵本は「時間の流れで成り立つ芸術」ですが、めくる時に、どうしても無の瞬間ができてしまいます。この「間」を上手に置き、生かすことが大切なことなのです。ですから、絵本を楽しむには、ページとページの間にいかに間をおいて読むか、流れるリズムをどうつなぐか、その場面転換をうまく伝えるように読むことが大切です。うまくめくれば（朗読すれば）、作者の意図した驚きや意外性がきちんと伝わります。

たとえば、『がらがらどん』のおもしろさは、やぎとトロルの掛け合いにありますが、二ばんめやぎの場面でも、テキストを上手に分けてページ割りしています。すなわち、もう一度、図

5と図6の場面を見ますと、図5で、「「ようし、きさまを　ひとのみにしてやるぞ」と、トロルが　いいました。」で文章を切り、ページをめくらせて、「「おっと　たべないでおくれよ。すこし　まてば、おおきいやぎの　がらがらどんが　やってくる。ぼくより　ずっと　おおきいよ」」と答えさせています。この文章の前後に上手にページをめくる「間」を入れていることで、読む側の期待感が高まると同時にリズムが生まれ、テキストと絵が響き合うのです。そして、このめくるという表現手法こそ、絵本のもっとも絵本らしい表現で、連続して流れるアニメーションや紙面をずらしたり、重ねたりして見せる紙芝居などとの決定的な違いなのです。

以上、この章では絵本の枠と登場者、背景の働き、「間」の取り方などを説明しました。すぐれた絵本は、実にさまざまな工夫を施して作ってあるのです。このような絵本の表現手法を知ることによって、絵本はより楽しめるのです。

次の章では絵本の「色」や「線」など、その構成要素についてわかりやすく説明していきます。

★注

★1　Uri Shulevitz, *Writing with Pictures – How to Write and Illustrate Children's Books*, New York:

Watson-Guptill Publications, 1985.

★2 Readability（可読性　面白く読めること）読者が、一つの枠から次の枠へ、たやすくたどっていくことができ、それらの枠で、何が起こっているかを理解できることを意味する。連続する絵を読み取れるかどうかは、舞台と役者の明確な関係にかかっている。こうした舞台と役者の関係は、変化するかもしれないが、常に明確でなければならない（Shulevitz, p. 22）。

第2章　絵本の「色」「形」「線」

『うさこちゃんのにゅういん』表紙

この章では、絵本の構成要素としての「色」「形態」「線」「動き」などについて説明します。紹介する主な絵本作家は、オランダのディック・ブルーナ（Dick Bruna 1927- ）で、「うさこちゃん」シリーズで親しまれています。

絵本の「色」

絵本作家は絵本の中でさまざまな色を用います。絵本では色は重要な機能を果たす要素です。たとえば、色には温かく感じる色と冷たく感じる色があります。赤やオレンジ、黄色は暖色ですが、反対に青系統のほとんどの色は寒色です。また前のほうに飛び出してくる色（赤や黄色）と奥のほうに遠ざかっていく色（青や紺色）があります。その他にも、清潔でさわやかに感じる色があれば、見た瞬間にドキッとしたり、ショックを感じさせる色もあります。また安心する色も不安を感じさせる色もあります。このように、私たちがある色に対して同じ感じ方をするのは、その色に対して、文化的にある共通の感覚をもっているからでしょう。あるいは、個人の経験や知識によって、それぞれの色、あるいはその組み合わせに対し、独特の連想をするからだと思われます。そして、作家は、そのような感覚に訴えて、すなわち、色、あるいはその組み合わせに対して感じる印象などをうまく使って絵本の情報を伝達するのです。

アンソニー・ブラウン（第6章参照）の『すきです ゴリラ』（*Gorilla*, 1983）では、登場者の思いや感情がイラストで語られています。たとえば、この作品の主人公のハナは、父親にかまってもらえないときに悲しい思いをしますが、その寂しい気持ちは、寒色で描かれ、冷淡な感じのする台所の角張ったテーブルや、室内の温もりのない質感などで表現されています。

絵本の「形態」

続いて、絵本の中に描かれている形態について考えてみます。絵本作家、ディック・ブルーナは登場者の姿や表情を描くのに、さまざまな工夫をしています。一つは大人と子どもの描き分けです。同じように描いてあるように思えますが、実際にはいくつかの点ではっきり描き分けているのです。

図1　見開き4より

『うさこちゃんのにゅういん』（*Nijntje in het ziekenhuis*, 1975）を例に見ていきましょう。たとえば、顔（頭）の形を見ると、大人はやや縦長の楕円形で、子どもはほぼ円形に近い形態で描いています（図1）。しかも目の位置が違います。大人は顔の真ん中に目が置かれています。子どもは円形の顔の少し下に目の位置があります。このように大人と子どもの描写を、互いの大きさを変え、各部位の比率で描き分けることは、画家が両者の違いを描くときの基本的な描写法です。そのことは、ブルーナが頭の大きさと身体の長さの割合を描き分けていることからもわかります。図1で、かあさんの頭と体は一対二くらいの割合ですが、うさこちゃんは頭と体は約一対一の割合です。大人と子どもの違いが身体の各部の割合で、視覚的にすぐわかるようになっているのです。

さらに口の表情を見ると、大人は口元が三本の線⋇で描かれているのに対し、子どもは二本の線✕で描かれています。大人の口元にはしわが多いからです。

図2　見開き5より

図3見開き12より

図4　『かいじゅうたちのいるところ』見開き18より

また感情表現も工夫しています。図2と図3は、悲しいときとうれしいときを表した例です。図2は悲しいときで、涙をはっきり描いて、表情が示してあります。図3はうれしいときです。また喜怒哀楽は目が開いているか、閉じているか、さらに口の形は上向きか下向きかなどで示してあります。最小限の描き分けで、最大限の効果を出し、わずかな描き分けで、これほど豊かな表現を可能にするのが、ブルーナのすごいところです。

絵本の登場者の気持ちを上手に表している形態の例として、よく話題にされるのは、モーリス・センダック（第10章参照）の『かいじゅうたちのいるところ』（*Where the Wild Things Are*, 1963）です。主人公マックスが物語の冒頭でいたずらをしているとき、荒れた心の状態が、彼の着ているオオカミ・パジャマのぴんと立った耳で示されています（第10章図1）。しかし最後のページでは、マックスの心が穏やかになり、オオカミ・パジャマのフードは頭部から外されています（図4）。オオカミ・パジャマの耳もいくぶん萎れています。ここでは、荒々しさと穏やかさという心の変化が、尖った耳と萎《しお》れた耳で表現されているのです。同様のことは、初めは彼の顔が角張って示され、終わりでは丸く示されていることからもわかります。

絵本の「線」

続いて、絵本の線の性質を考えてみましょう。ここでも、ブルーナの絵本の登場者を見てみましょう。彼は登場者を独特な輪郭線で描いています。一見、この線はフェルトペンを使用し、つるつるしたなめらかな紙に描いたように見えます。しかし実は、筆で表面がざらざらした紙に描いた線なのです。ですから紙面を虫めがねなどで拡大してみると、線の太さが均一ではなく、また紙の表面もざらざらしていることがわかります。

彼は、まずトレーシング・ペーパーに鉛筆で下書きをし、その下書きを水彩画用の厚い紙に写して、それから筆でていねいに線を仕上げるのだそうです。ときには一枚の下書きに、百回以上も書き直すといいます。もちろんすべてフリーハンドです。さらに彼の絵は左右対称のように見えますが、実際には左右が微妙に違います。仮に左右対称に見える登場者の半分を切り取って、残ったほうをコピーして、左右裏返しにして、切り取った部分にはめ込んでみると、変な顔や形になるのがわかるでしょう。フリーハンドで描いたイラストレーションですので、もともと左右は違います。だからこそ、彼のイラストレーションには人間的な温かさや親しさが感じられるのです。もし定規で引いた線やコンピュータで描いたイラストレーションなら、正確ではあっても、そんなふうには感じられないでしょう。

絵本の登場者の「動き」と「静止」

ブルーナの絵本のなかには、他にも注目すべき線の表現方法があります。それは動きを表す線です。これは日本のマンガでよく見られるもので、「動く線」といわれています。四方田犬彦は『漫画原論』という書物のなかで、漫画が速度なるものに深く魅惑されながら、その表現に苦心してきた事実を、いくつかの実例をあげて解説しています。そして「動く線」の役割を、コマの内側で動くものを「いかにその運動を損なうことなく記号として秩序づけていくか」という表現で説明しています。[★1]

その一つは「スピード線」と呼ばれる描線の使用です。「スピード線は運動する事物の周辺に、そのより来たれる方向から引かれる線で、本来は運動によって生じる風を表象したものであると考えることができる。線の本数、太さ、形状、それに付随する擬態語などによって、運動の速度や性格、事物の質量感が微妙に描写されることになる」と述べています。[★2]

さて、ブルーナも「動く線」を使用しています。『うさこちゃんとじてんしゃ』（*Nijntje op de fiets*, 1982）の一ページ、図5を見てください。登場者の後ろに、動いている方向を示す短い線が引かれているのがわかります。この短い線によって、左下への動きが示されているのです。

このようにブルーナは絵本のなかに控えめに、しかし的確な線を用いています。

一方、ブルーナの絵本の絵のなかには、「動く線」をまったく用いず、止まったような感じを覚えさせられる、ふしぎな静止画があります（図6）。この描写をどう説明できるか、考えてみましょう。

四方田は一コマの中で運動を表わす手法には「相反する二通りの方法」があると述べています。一つはスピード線ですが、もう一つの方法として、スピード線のような記号を断固として排して、コマの内側をある瞬間的な時間に切り取られたスナップショット的映像へとかぎりなく接近させていく手法があると述べています。この手法は先にあげたスピード線という記号とは逆に、「運動の時間を非連続的なものとして提示する」[★3]方法であるというのです。さらに、この方法のことを、写真をそのまま写したかのような方法であると説明し、その例として、大友克洋の漫画『アメリンゴ』（一九七六）の一コマを提示しています。[★4]この絵には運動を示す描線はまったく描かれていませんが、運動の途上にある映像をふっと一コマ抜き出すことによって、運動が止

図5　『うさこちゃんとじてんしゃ』見開き8より

図6　『うさこちゃんひこうきにのる』見開き7より

図7　大友克洋「アメリンゴ」1976（『Good Weather』綺譚社，1981）より

まったようなふしぎな感じを覚えさせる静止画です。ブルーナの止まったような感じの絵（図6）と大友の漫画絵（図7）を比べるとよく似た描写であると思えます。

ところで、ブルーナの図5のような描写から、オランダの偉大な画家、レンブラントの絵を連想する人も多くいるに違いありません。レンブラントの絵画を見ていると、表された人物の動作や視線が、四方田のいう「瞬間的な時間に切り取られたスナップショット的映像」のように、一瞬そのまま止まってしまっているような感覚を覚えさせられます。ブルーナはオランダ人画家ですから、同じオランダの天才画家レンブラントの絵画に学び、同じような描き方をしているのかもしれません。

絵画における線とは何かを考えるために、ここでパウル・クレーの理論の一部を紹介します。二〇世紀前半にスイスの生んだ、この天才的な画家の作品は、わが国でもたいへん親しまれています。一方で、彼がユニークな講義をしていたことも有名な話です。その講義録が残されていて、『教育スケッチブック』という本になっています。そのなかで、彼は次のような興味深い説明をしています。

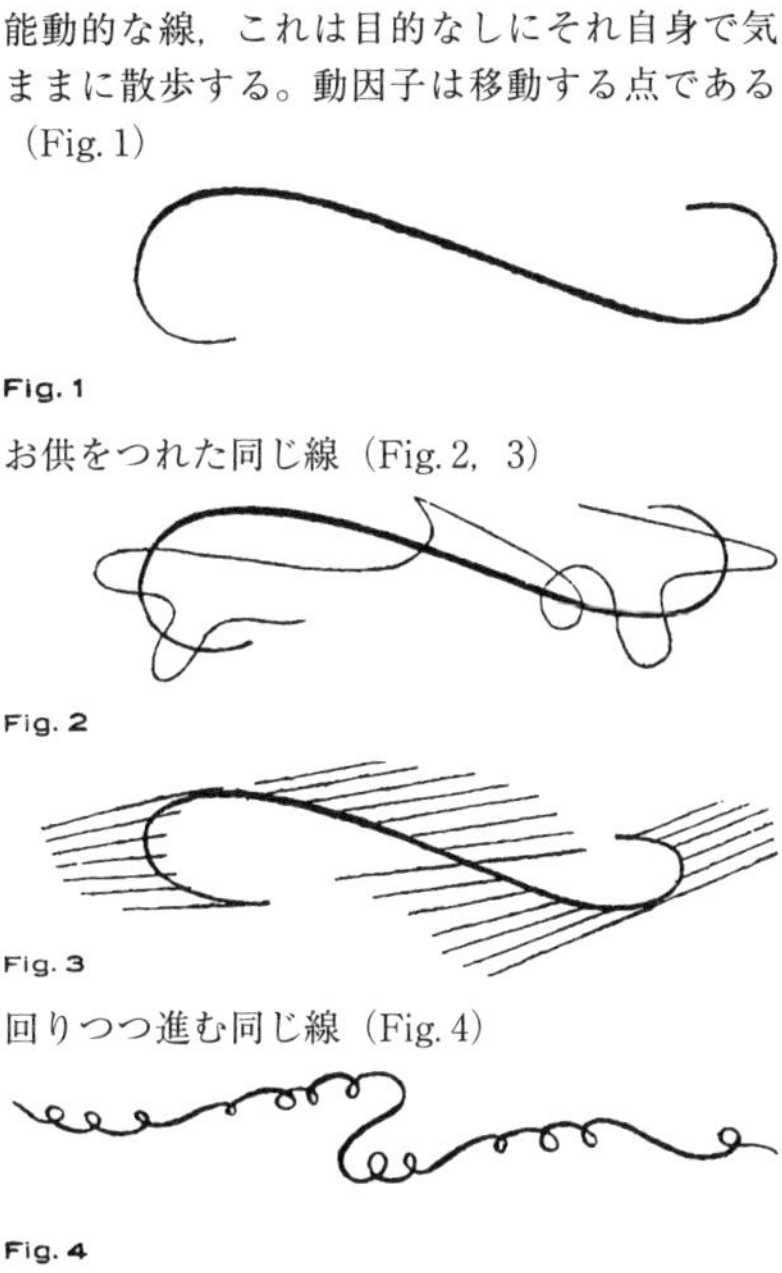

能動的な線，これは目的なしにそれ自身で気ままに散歩する。動因子は移動する点である（Fig. 1）

お供をつれた同じ線（Fig. 2，3）

図 7　『教育スケッチブック』6–7 頁より

クレーは、線には「能動的な線」や、「お供をつれた同じ線」や「回りつつ進む同じ線」などがあると述べています。線はそれぞれ性格や動きがあるのです。彼の示した図（図7）をじっと見ていると、まるで豆のツルのように思えます。線の動きは自然の植物の動きによく似ており、リズム感があり心地よく感じます。★5

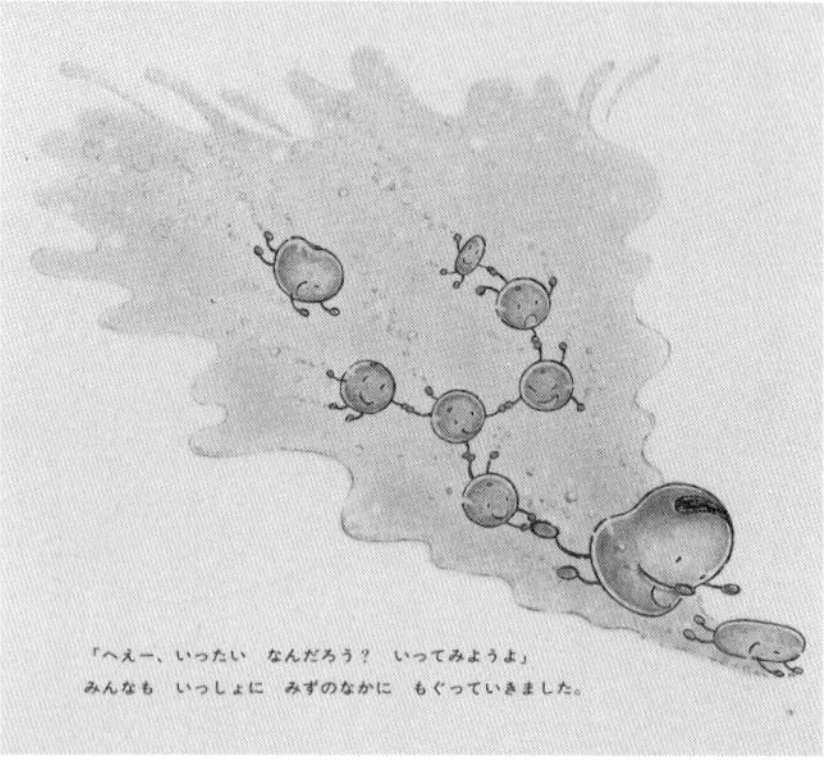

図8　『そらまめくんとめだかのこ』15頁より

　読者に親しまれている絵本作家の線を見ていると、ここでクレーが述べていることと共通の要素があるのがわかります。たとえば、日本で子どもに人気のあるなかやみわ（中屋美和 1971-）の絵本『そらまめくんのベッド』（二〇〇〇）や『そらまめくんとめだかのこ』（二〇〇〇）は、線のやさしさ、線のリズムが読者を惹《ひ》きつけているといえるでしょう。これらの線は独特のリズムをもっています。だれしも自然の植物に触れた経験がありますから、このリズムは、見て自然のもののように感じとれるのです。植物の輪郭線、その感触が読者に心地よい感じを与えているのだと思います。もちろん、これらの絵本の魅力は、主人公のそらまめくんの性格、まわりの友だちのあたたかい思いやりにあります。その感情表現が、着色された色鉛筆の淡い色合いをとおして伝わってきて、子ども読者を惹きつけているのでしょう。しかし何といっても、線が子どもらしい無邪気な表情を伝えています。

　このように、クレーの説明にそって絵本のなかの線を見ていくと、理論と実際の絵本のイラストレーションの間に次々におもしろい関係を見いだすことができます。

絵本の表現要素から考える

最後に、この章で述べたことをまとめ、絵本研究の可能性について記しておきます。ブルーナの絵本には、実に豊かな表現があります。これまで、彼の用いる「色」「形態」「線」「動き」の表現方法を紹介してきましたが、このように絵本を見ていくと、絵本を研究するさまざまな可能性が見えてきます。たとえば、絵本に出てくる登場者が正面を向く場合、ななめを向く場合、横を向く場合、後ろを向く場合に、動きや感情表現のうえで何を意味（意図）するかなどは、興味ある研究テーマになります。

線にもいろいろな線があります。規則的な線もあれば、不規則な線もあります。明瞭な線、不明瞭な線もあります。また線には、同一（質）性のある線や、逆に一本一本に異質性を感じさせる線があります。さらに、突然出てくる線、突然消える線、序々に出てくる線、序々に消える線があります。ふくらむ線、しぼむ線、愉快な線、不快な線、ときには、序々に太くなる線、序々に細くなる線などもあります。

さらに、登場者とそのまわりの線を見ていくと、登場者を囲む線もあれば、登場者を排除する線もあります。さらに登場者と事物を見ていけば、登場者が事物にとけこむ場合もあれば、登場者が事物に隠れる場合もあります。このように絵本の表現をていねいに見ていくと、すべての表現がなんらかの意図をもっていることがわかります。いま述べたことは、今後、絵本を研究する人にとって、研究テーマの手がかりになるはずです。

注

★1 『漫画原論』四方田犬彦著、筑摩書房、一九九四年、四九ページ。
★2 同書、五〇ページ。
★3 同書、五三ページ。
★4 同書、五四ページより転載。
★5 『教育スケッチブック』パウル・クレー著、利光功訳、中央公論社、一九九六年。同書、六―七ページ。

第3章　ことばで語り、絵で語る

『かようびのよる』の表紙

絵本は「ことば」と「絵」という二種類の異なる要素の組み合わせによって情報が伝達されます。「ことば」はもちろん内容（たとえば、ストーリーなど）を伝える（語る）要素ですが、絵本では、「絵」も物語る要素なのです。そして、絵本のおもしろさは、じつは絵が語るというところにあるのです。そこでこの章では、「絵が語る」ということを述べてみたいと思います。

「ことば」と「絵」で語る

英国のアンソニー・ブラウン（第10章参照）の代表作に『すきです　ゴリラ』（*Gorilla*, 1983）という作品がありますが、この絵本は絵に上手に語らせた作品です。この物語の主要な部分は以下のような内容です。

――父親と、小学二年生くらいの娘ハナは二人暮らしですが、父親は多忙で、ハナをどこにも連れて行ってくれません。ハナはよその家の子どもと同じように、本当は週末に父親に遊んでほしいし、どこかに連れていってほしいのですが、父親の仕事の大変さがわかっているので、なかなかおねだりできないでいます。そんなある日、父親から誕生日のプレゼントにもらったゴリラの玩具が、ほんもののゴリラになって、忙しい父親の代わりに、深夜、ハナを動物園に連れていってくれます。

図1　『すきです　ゴリラ』場面18

さて、読者がもっとも心を動かされる部分の一つは動物園に行った場面ですが、以下のように展開されています。

――オランウータンのところも　チンパンジーのところも　みにいった。とても　いい　かおしてる。だけど、なんだか　かなしそう。と、ハナはおもった。

図1はそのページの絵です。この絵は多くを物語っています。チンパンジーは寂しげで、どこか怯《おび》えているようで、とても悲しそうな表情をしています。檻に入れられて自由を奪われているのです。いつも人にじろじろ見られて、見せものにされている。この絵は、視覚的にチンパンジーの思いを物語っているのです。このページでは、ことばも、「なんだか　かなしそう」と語っていますが、絵によってさらに強く訴えかけてきます。そして、このチンパンジーの訴えは、じつは娘ハナ

図2　『かようびのよる』場面1

の思いを代弁しているようです。いつも孤独で、寂しくて、父親にかまってもらえない子ども、でもそれを言えずに、じっと我慢している毎日……。作者アンソニーは、こうした視覚的な表現を〈視覚言語〉★1で語ると記しています。

アメリカのデイヴィッド・ウィズナー（David Wiesner 1956– ）の『かようびのよる』（*Tuesday*, 1991）という作品もアンソニーのいう視覚的な言語をとても有効に用いています。この絵本はファンタジー絵本ですが、ある日、カエルが空を飛ぶという奇想天外な物語です。図2はタイトルページの次のページの絵ですが、縦に三つのコマ割りのイラストで構成されています。これらのイラストでは、上から下に向かって時間が経過しています。

だんだん日が暮れていくのが、空の色の変化と月が昇っていく様子で示されます。また構図は、上の絵はカメラで遠くからとらえていて、下の絵にいくにつれて、だんだんズーム・インしていくことで、私たちを物語のなかにぐいっと引き込んでいます。中央よりやや左にいるカメが頭をもたげ、何かを見ています。何かおかしな雰囲気に戸惑っている様子ですが、その何かが描いてないので、次のページに何が描いてあるか知りたくなって、ページをめくりたくなります。そこでめくると、次ページにはカエルたちがはすの葉に乗って空を飛んでいる姿が描いてあるのです。

このように、この絵本は始めから終わりまで、ほとんどことば（文章）のない、まさに文字なし絵本なのですが、この場面でも文字ではなく、絵で語っています。つまり、絵の構図や登場者のしぐさを工夫することで、物語を進めているのです。（実際に、この絵本を開いて、絵で物語る手法（視覚言語）を楽しんでみて下さい。）

デザインとイラスト

絵本は「ことば」と「絵」という二種類の異なる要素の組み合わせによって情報を伝える（語る）ということを記しましたが、続いて、「ことば」と「絵」両方を巧みに用いて見事な絵本を作ったレオ・レオニ（第8章参照）の作品について述べたいと思います。レオニと彼の作品については、この本の後半でも再度ていねいに紹介しますが、ここでは、彼の前半生のデザイナー時代の「デザイン」と、後年になって絵本を作るようになってからの独特な絵本の「絵作り」との関係について述べていきます。というのも、レオニの絵本には、彼が絵本を制作するようになる以前から、その原型となるものがすでにあったと思われるからです。それがわかるデザインと実際の絵本作品を比較して、彼が絵本をいかに視覚的に描いているか、ここで見てみましょう。

レオニは絵本作家になる前、アメリカのタイム社（Time Inc.）系列会社の雑誌『フォーチュン（*Fortune*）』のアート・ディレクターとして活躍していました。一九五七年、彼はフォーチュン誌の雑誌広告促進のために、広告紹介の大型ブックレット（パンフレット）を刊行しています。そのなかに、彼は自分がそれまでに描いたデザインを載せ、それらのデザインを解説する文を自ら書いていますが、その解説は大変興味深いものです。その直後の五九年、彼は絵本『あおくんときいろちゃん』（*Little Blue and Little Yellow*）で絵本作家として登場しますが、そのときの大型ブックレットが、彼の絵本作りの原点と思われるのです。

たとえば図3は、その一枚ですが、この図には以下のような説明がついています。

色をつけた形態を漂うように動かせば、紙面という平坦な空間も、ふわりと浮かぶような、立体的な空間のように感じさせることができる。

色、形、動きなど、このデザインとそっくりなイラストが作品『さかなはさかな』（*Fish is*

図 3

図 4　『さかなはさかな』見開き 7

図5

Fish, 1970）に用いられています。この場面（図4）は、池から旅立って世の中を見てきたカエルが、池の中だけで生活している魚の友人に、世の中の様子を面白おかしく伝える場面です。魚は、世の中というものを想像するのですが、その場面は「色をつけた形態を漂うように」動かし、「ふわりと浮かぶような、立体的な空間」として描いてあります。世の中を想像した魚が、自分も世の中を見てみたいと、のぼせ上っている様子が、気持ちが高まるようなふわふわした感覚で描いてあるのです。

図5は、同じく彼のブックレットデザインの一枚です。左側は、赤い、小さな集合のなかに一つだけ黒い四角があり、「規則的なパターンのなかに、思いがけない変化をつけると、それがどんなに小さいものであろうと、（著しく目立って）デザインを支配し、人の目を惹《ひ》きつける」という解説があります。このデザインを見て、誰しもすぐに思い浮かべるのは『スイミー』の次の場面でし

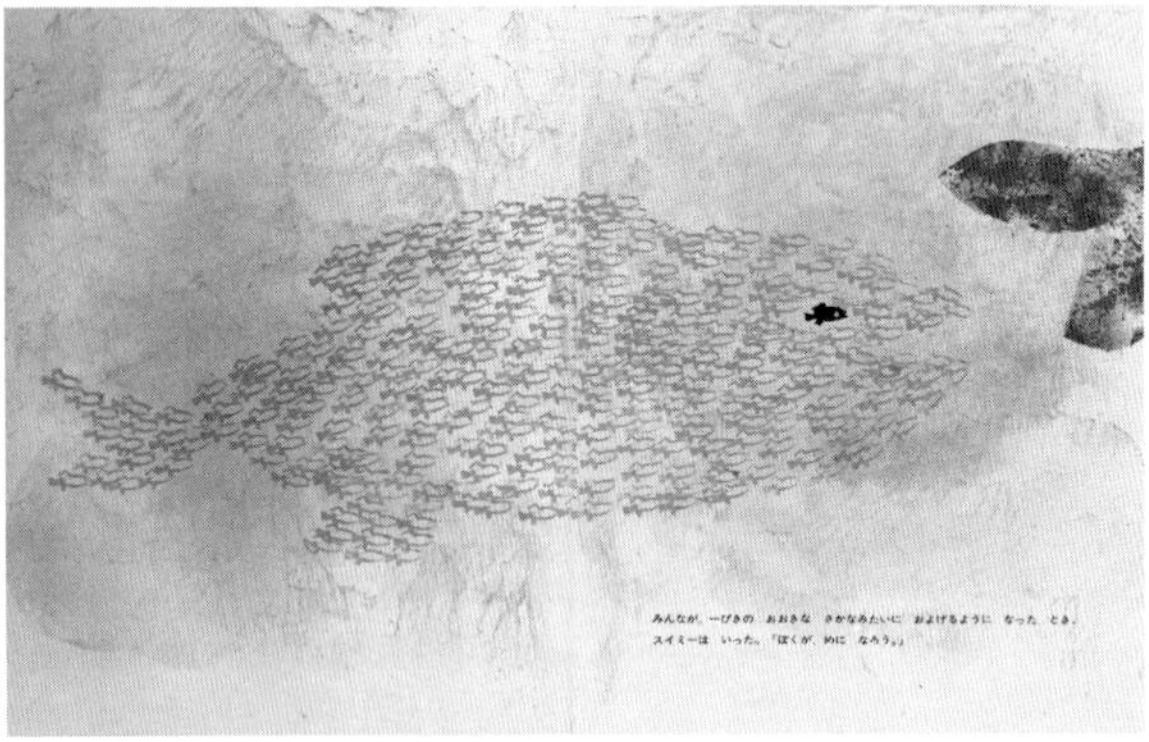

図6　『スイミー』見開き13

ょう。はじめは、おおきな魚を恐れていたちいさな魚たちが、いっしょになって、おおきな魚のふりをして、「みんなが、一ぴきの　おおきな　さかなみたいに　およげるように　なった　とき　スイミーは　いった、「ぼくが　めに　なろう。」」ちいさく、ひとりだけ黒くて地味で異質なスイミーですが、その存在が目立っています。ちいさいけれども、「思いがけない変化が人の目を惹きつける」というコンセプトが見事に表現されたイラストであるといえるでしょう。

レオニは二〇世紀を代表する類稀なる才能をもった芸術家でした。その仕事の分野は広く、多彩です。彼は継続的に精力的に作品を発表したのですが、絵本の仕事は、彼のそれまでの仕事の集約であったと思います。ここでは、彼の原型ともいえるデザインの2例のみを紹介しましたが、彼のブックレットには非常に多くのデザインが掲載されていて、その一枚一枚が、後の彼の絵本の原型となっているといえるでしょう。デザインの専門家が、長年にわたり培ってきた事物の形、色、配置などを、絵本の絵に活用したのです。紙面の、どこに何をどう置けば、読者がいかに見るか、どう感じるかが見事に計算されています。そしてレオニは、デザインに付けたであろうキャプションとデザインの関係を、絵本では、ことばと絵の関係に活かしたに違いありません。

絵本のおもしろさは、「ことば」と「絵」が、いかに物語っているかを味わうことにあるといえます。時に文字が語り、時に絵が語り、あるいは、両者が協力したり、反発したりして、そこに緊張が生じ、おもしろさを生み出しているのです。★2 絵本の「ことば」と「絵」による語りを存分に楽しんで下さい。——絵本はおもしろい！

注

★1 視覚言語（visual language）とは、情報の伝達を、視覚的なもの（要素）を用いて行う言語。language とは、もちろん「言語」という意味ですが、この単語そのものに、「音声・文字によらない言葉」という意味もあります。

★2 絵本は「ことば」と「絵」によって成り立つ芸術です。ですから、絵本のおもしろさは、絵と文章の展開の仕方、また両者の組み合わせによって創り出されています。その展開の仕方にいろいろなパターン（型）があります。大きく分けていえば、三つに分類できるといえるでしょう。たとえば、主に「絵で物語る」型の絵本、その具体例は〈文字なし絵本・文字の少ない絵本〉などです。

次に、主に「文章で物語る」型の絵本、その具体例は〈絵の少ない絵本〉、たとえば、文章の長い（多い）昔話絵本や挿し絵つきの物語などです。そしてもう一つは、「絵と文章が協力して物語る」型の絵本、いわゆる、これこそ絵本という、「文章と絵が程良くバランスの取れている」型の絵本です。どの型であれ、「ことば」と「絵」、両者の関係をていねいに見ていくと、絵本のおもしろさ、深さがよく理解できるといえます。

第4章　絵本のストーリー

『やまなしもぎ』表紙

物語の「始め」「中」「終わり」

この章では昔話の物語パターンを参考に、絵本のストーリー展開について記します。物語には、その表現形式がどのようなものであっても、通常「始め」があって「終わり」があります。その「始め」と「終わり」の間をどう展開させていくかが、物語の書き手の工夫のしどころといえます。たとえば主人公と敵、仲間や脇役などが適時登場し、登場者たちが互いに関係し合い、さまざまな出来事を引き起こすのです。読み手はその展開を、はらはらドキドキして楽しみます。物語の書き手は、こうした物語の担い手と出来事を用いて読み手を楽しませます。これが物語構成の基本です。このような物語の伝達手法は、対象が大人であっても子どもであっても、さらに表現形式が小説であっても、映画やドラマ、そして絵本であっても、よく似ているといえます。

さて、物事を展開していくにはいろいろな手法がありますが、ここでは、「始め」「中」「終わり」という用語を使って説明します。いわゆる物語の展開上の流れです。名作といわれる作品の構成を分析してみると、どの作品にも「始め」「中」「終わり」がバランスよく描かれているのがわかります。

ところで、絵本は一般的には子ども向けに作られることが多いですが、子ども向けの作品には、ある決まったパターンがあります。すなわち、子ども向けの作品は、物語の原型ともいえる「昔話」の物語構造によく似たものが多いということです。昔話は口承の文芸、すなわち「語り」の文学ですが、通常、「発起句」という起こしのことば、たとえば「むかし、あるところに○○がいました」で始まり、続いて「始め」の部分が導入され、速いテンポで展開されます。また、「終わり」は、「結末句」という閉じのことば、たとえば「それから二人はすえながくしあわせにくらしました」で終了します。その間の展開にはいくつかのパターンがありますが、この展開の部分が、いわゆる物語の「中」にあたる部分です。

展開の仕方として、よく用いられる型に、主人公が出発し、しばらく別の世界で過ごし、最後に元の世界に戻って来るというものがあります。これを通常、「出発‐帰還型」と称しています。日本の昔話で例をあげれば、「やまなしもぎ」などです。一方、別世界から、見知らぬ者がこちらの世界にやって来て、しばらく滞在し、また元の別世界に去っていく（消えていく）型があります。これを「来訪‐退去型」と称しています。昔話で例をあげれば、「つる女房」などです。こうした物語は、古くから聞き手（読者）を楽しませる独特の物語構造であり、今なお親しまれているものです。

子どもが好む「行きて帰りし物語」

子どもの文学の名編集者であり、また翻訳者としても数々の名作を残した瀬田貞二（1916–1979）は、「子どもたちが喜ぶお話には、一つの形式があり、ごく単純な構造上のパターンがある」と述べています。[★1] そして、その構造上のパターンというのは、「行って帰る」ということに尽きるのではないか、と記しています。もともと、この「行きて帰りし物語」（There and Back Again）ということばは、J・R・R・トールキンの『ホビットの冒険（*The Hobbit*）』（一九三七）[★2]の副タイトルとして記されました。瀬田によれば、「この「行って帰る」ということは、トールキンの全体験の中から一つの結びとして出た哲学」ともいえるのです。

さらに瀬田は「しょっちゅう体を動かして、行って帰ることをくり返している小さい子どもたちにとって、その発達しようとする頭脳や感情の働きに即した、いちばん受け入れやすい形のお話〔……〕とにかく何かする、友だちの所へ行ったり冒険したりする。そしてまた帰ってくる。〔子どもが〕そういう仕組みの話を好むのは、当然」と記しています。[★3] つまり、始終体を動かして、「行って帰ること」を繰り返している発達段階の子どもにとって、もっとも受け入れやすい物語が、この「行きて帰りし物語」であるというのです。読み聞かせの現場をも熟知していた瀬田ならではの信念であるといえるでしょう。

出発 - 帰還（三段構造）型の物語

「行きて帰りし物語」を的確に視覚表現するために、作家たちはさまざまな工夫を施して作品を描いています。ここでは昔話を絵本化した作品を取り上げ、それぞれの巧みな描き方の特徴を記します。

出発 - 帰還型の絵本『やまなしもぎ』（平野直再話、太田大八絵、一九七七）は、以下のような筋の物語です。

——あるところに三人兄弟がいて、「始め」に、母親が病気（困った状態）で、病を治す力のある不思議な山梨を食べたいという。そこで「中」の部分では、三人兄弟が一人ずつ、順番に山梨を採りに出かけていく（課題）のだが、上の二人は、途中で、困っている老人（実は援助者）を助けてやらず、また老人の忠告に耳を傾けず、山梨のある場所に行き着くものの、沼の主《ぬし》（魔物）に呑み込まれてしまい、結果的に山梨を手に入れることができない（課題を達成できない）。最後に末っ子が出かけていく。困っている老人を助け、忠告と戦う道具を授けられ、見事に魔物を倒す。そして、目的の山梨を手に入れ、しかも、上の二人の兄弟をも助け出し、連れだって山梨を持ち帰る（課題の達成）。「終わり」で、山梨を母親に食べさせると、病気はたちまち治り（困った状態が解消）、幸せな結末を迎える。

この種の話では、通常、上の二人（長男・次男など）が先に順次出かけ、それぞれ失敗し、最後に、最初は愚かであるとか、非力であるとか思われていた末っ子が難題を解決します。つまり、もっとも小さい者が大きくて強い者に勝利する、その逆転の展開に物語のおもしろさがあります。また小さい子どもは自らが小さく弱いので、非力な主人公に自己移入しやすく、子どもに大変好まれる話なのです。★4

文章は、岩手生まれの平野直（1902-1986）が書いていますが、平野は民俗学者の柳田國男と交わりのあった人物であり、一九三三年から自ら昔話の採集を始めています。そして、この「やまなしもぎ」が民話採集のきっかけになったと記しています。文体には岩手の地方なまりがいくぶん残してあり、リズムがあり、さらにユーモアがあります。また会話形式で展開される語り口には掛け合いのおもしろさがあります。

絵を描いたのは太田大八（1918- ）で、この物語を見事に視覚化しています。全体的にいうと、魔物と戦う怖い話なのに健全で明るい感じがします。また山梨の実る季節であるので、秋という季節感と自然（山川草木や動物など）の様子が適確に描いてあります。表紙（第4章扉）には山梨を採ろうとする末っ子のさぶろう、裏表紙には、この昔話に出てくる小道具と、朱色の鮮や

やがて　三ぼんのまっかみちに　でました。
そこには　三ぼんのささが　たっていて、
かぜがふくたびに、まんなかの　ささが、
ゆけっちゃ　かさかさ、
みぎと　ひだりの　ささが、
ゆくなっちゃ　がさがさ、
と　なっていました。
そこで　さぶろうは、ばあさまにいわれたことを
おもいだして、「ゆけっちゃ　かさかさ」と　なっている
まんなかのみちへ　はいっていきました。

図1　「ゆけっちゃ　かさかさ」見開き12

かな背景に薄緑色のつたやひょうたんの絵が施してあります。一方、見返しには山道で見かけるであろうつたの葉の文様が記してあり、また主の棲んでいる沼が、全体の明るい色調とは対照的に、不気味さを感じさせる濃い色合いで描いてあります。

ページを開くと、見開きの横長の構図を生かし、登場者たちは、見開きのページを左から右へどんどん進むように描かれています。語りの単純な繰り返しに絵で変化をもたせるため、物語に直接関係のないものですが、各ページの背景に小さい細い線で文様を入れてあり、また異なる小動物が姿を現します（図1）。

画材を見ると、おそらく日本画絵の具を使っているようで、さらに、墨絵風の枯《か》れた感じあります。物語の「始め」「中」「終わり」という観点で見ると、三兄弟が目的地に行く様子を、「始め」はくすんだ色合いで描き、「中」で色合いに変化をつけ、だんだん豊かな色合いで描き、「終わり」

では、実りの秋を思わせる豊饒な色彩で描いています。「困った状態」から課題を達成して迎える幸せな結末に対応しているようです。

このように、画家太田は物語の要素である、主役（末っ子）、脇役（上の兄弟たち、不思議な老人）、敵（沼の主）、背景（山や林や動植物）、大道具、小道具（救済の道具である欠け椀、戦う刀）など、この昔話を構成する要素を、単に物語を進行させるためだけでなく、絵で読者を楽しませるように工夫して描いているのです。また、画面を構成するにさいし、あらかじめテキスト（文章）とイラストレーションを入れる箇所を想定し、左右に動きのあるダイナミックな構図をそこなうことのないよう配慮しています。

出発－帰還（二元的構造）型の物語

同じ出発－帰還型でも、さらに二元的構造をもつ昔話があります。この型では、通常二人の人物が登場し、出来事が交互に展開される形式で語られます。典型的な昔話は「こぶ取りじいさん」です。この種の物語を昔話の研究者たちは「隣の爺」型とも呼んでいますが、この二元的構造の昔話は、主として葛藤・富の獲得をテーマにしたものが多いといえます。ここでは絵本『したきりすずめ』（石井桃子文、赤羽末吉画、一九八二）を例に述べていきましょう。

昔話「したきりすずめ」の二人の中心的人物（「じいさ」と「ばあさ」）の間に、外面的には葛藤

図２　『したきりすずめ』表紙

はありませんが、親切、不親切という道徳的・心理的対立の形で、出来事が交互に展開されているといえます。絵本のあらすじは以下の通りです。

――じいさとばあさには子どもがなく、すずめを大事に育てている。「始め」では、じいさが山へしばかりに、ばあさは川へ洗たくに行く。ばあさが洗たくをしていると、すずめが木から降りてきて、ばあさの煮立てていた糊をなめてしまう。ばあさは腹を立て、すずめの舌をはさみでちょん切ってしまう。すずめは山へ飛んでいき、じいさは「すずめのおやどは　どこじゃいな」と探しに出る。途中で牛あらいどんや、馬あらいどんに出会うが、じいさは一生懸命手伝ってやり、おやどの在《あ》り処《か》を教えてもらう。じいさは山奥の竹藪の中の立派な家を見つけ、ばあさが舌を切ったことをすずめに詫びて、白いご飯と魚のご膳でもてなしてもらう。翌朝、じいさが帰ろうとすると、すずめはお土産に大きなつづらか小さなつづらを選ばせる（「中」①）。じいさは小さなつづらをもらい、「おうちにつくまでけっして　ふたを　あけては　いけませんよ」と言われ、家に帰って開けてみると、金銀財宝がざっくざっくと出てくる（「終わり」①）。

それを聞いたばあさも出かけるが、途中で出会った牛あらいどんと馬あらいどんを、なおざりにしか手伝わない。その後、なんとか、おやどに行き着くが、もらったのは粟《あわ》と菜っ葉の汁だけ。すぐに帰ると言い、土産を所望し、大きいつづらを選んでおやどを出る（「中」②）。「おうちにつくまでけっして　ふたを　あけては　いけませんよ」と言われていたのに、つづらが重くてくたびれ、ふたを開けてしまう。すると、へびやひきがえるが出てきて、ばあさは家まで這って帰る（「終わり」②）。

この昔話ではじいさとばあさに対立や抗争はありませんが、出来事は対照的に展開され、シンメトリーに善と悪の二元がくっきりと分けられているといえます。しかし、文章を書いた石井桃子（1907–2008）は、どちらも情感あふれる文章で語っており、その語り口には地方なまりが残っていて、ユーモアを感じます。

一方、画家、赤羽（1910–90）はこの対照を明確に描き分けています。人の良いじいさは、一生懸命汗を流して牛・馬を洗っています。意地悪なばあさは、牛・馬の尻尾を引っ張っていて、嫌がる動物は歯を剝《む》いています。また、じいさを迎えたすずめたちは優しげな目をして楽しそうに輪を描いて飛んでいるのに対し、ばあさを迎えたすずめたちは目を尖らせて警戒した様子で直線的に飛んでいます（図3）。「終わり」で、じいさは宝を手に入れ、本当に幸せそうに、一方、ばあさは懲らしめられ、ばあさを襲うへびもかえるも恐ろしげで地獄図を見るようです。

この絵本は、一九八二年の出版ですから、赤羽の作品としては後期の作品ですが、それまでの絵作りとは違う趣向を凝らしています。たとえば、丹（黄色みを帯びた赤）と緑を中心に少ない色で描き、そこに黄（黄土色）を加えて、素朴で美しい丹緑画《たんろくが》の趣を出しています。じいさの着物の絵柄、ばあさの着物の絵柄（茄子）、川の流れ、雲の線などは伝統的な感じのする意匠で描いてありますが、洒落た、粋なデザインで描いてあるので、同時に斬新な感じがします。

図3　見開き16より

さらに、人と動物が交流する話なので、すずめは着物を着せて擬人化されています。おやどのすずめは手拭いを鉢巻（あねさん被りのような形）で頭に巻いていて、精を出してじいさをもてなす様子が、甲斐甲斐しく感じられます。

絵本の紙質は、昔話絵本では慎重に選ぶものですが、この絵本は和紙の趣のある紙を用い、紙色も見返しは上品な灰緑色、文字を入れたページは渋い灰茶色、絵を入れる場面では淡い女郎花《おみなえし》色を用いています。

来訪 - 退去（別れ）型の昔話

つぎに来訪 - 退去型の絵本のすぐれた例として、赤羽末吉の後期の作品『つるにょうぼう』を紹介します。『つるにょうぼう』（矢川澄子文、赤羽末吉画、一九七九）は、「雪ふかい山里のはなしです」との書きだしで始まる物語を、赤羽は雪国の感じを墨のにじみなどを活かし、雪の感じを巧く描いています。また、赤羽は人物を丹念に描きこみ、空は陰鬱に塗り込めることで、重い話に仕上げています。これは人間と動物が結婚する物語（異類婚姻譚）ですが、最後に男女が別れる話であり、そこには悲哀感があります。西洋の同じ話型の話が結婚で終わる（幸せな結末、たとえば「美女と野獣」）ことが多いのにくらべ、日本の異類婚姻譚は、ほとんどの話が悲しい別れで終わります。赤羽は別れで終わるこ

図4　『つるにょうぼう』表紙

の物語を、どんよりとした東北の空に、鶴が飛び去る、物悲しい場面で閉じています。矢川澄子（1930-2002）のテキストは、文学的な香りのする文体であり、たとえば、鶴が女になって語るせりふ「たえいるような、あやかな声でいいました。」には深い情感が込められています。

赤羽は作画に当たり、実際東北の山々をスケッチし、また雪国の家屋を観察したといいます。丹念に描き込まれた陰うつな背景には、こうした取材が生かされているのです。「始め」「中」「終わり」という展開で絵作りを見ると、最初に、突然つばさに矢を受けた鶴が雪野原でもがいている姿が描いてあり、いわば「始め」を省略した、変則的な出だしといえます。男主人公「よ平《へい》」は、「始め」の部分では人の好さそうな青年としてその表情が描かれていますが、欲を出していく「中」ではずる賢そうに、悲しい「終わり」の部分では、不安げに寂しげに描いてあります。一方、女主人公は、「始め」では美しい娘として登場し、「中」では苦労してやつれた表情で、「終わり」の部分では、さらにか細くなり、悲しげな表情で描き分けてあります。いずれにせよ、全体雪国という重いトーンのなかでも、男女の心の変化を表情の違いで的確に描き分けているといえましょう。

来訪 - 退去（再会）型の昔話

絵本『天人女房』（稲田和子再話、太田大八絵、二〇〇七）は、登場者同士がいったん別れ、しかし再会する型の物語です。この昔話は「羽衣伝説」とか「たなばた」とも呼ばれ、七夕まつりの由来を語った物語です。あらすじは以下の通りです。

――天人《てんにん》がふたり、天から降りてきて、羽衣《はごろも》を木にかけて川で水浴びをしていると、若い牛飼いが通りかかり、天人に一目ぼれする。そして一枚の羽衣をかごに隠してしまう。天人の一人は天に昇っていくが、隠されたほうは天に戻れない。牛飼いはうそをついて、二人は一緒に住むようになり、夫婦となる。七年が過ぎ去り、ふたりの子どもに恵まれて暮らしていた（「始め」）。

ある日、女房は、夫の仕事（不在）中に、子どもが歌う子守歌から羽衣の在り処《か》を知り、置手紙をして、子どもを連れて天に戻ってしまう。手紙には「天にのぼってきてくだされ」と書かれていた。隣人から、一番大事なものを埋めれば、金竹が生え、天まで延びるので、それを伝って天へのぼれ、といわれ、若者はその通りにして天に昇る（「中」①）。

そこで妻と子どもに再会し、父神さま・母神さまに頼んで、婿《むこ》にしてもらう。父神に四回にわたり難題を与えられるが、妻の援助で成し遂げる（「中」②）。

最後に、父神は冬瓜を縦に割るように申し付け、若者がそのとおりにすると、水が出てきて川となり、若者は向う岸に流されてしまう。しかし、二人は彦星と織姫星となり、年に一

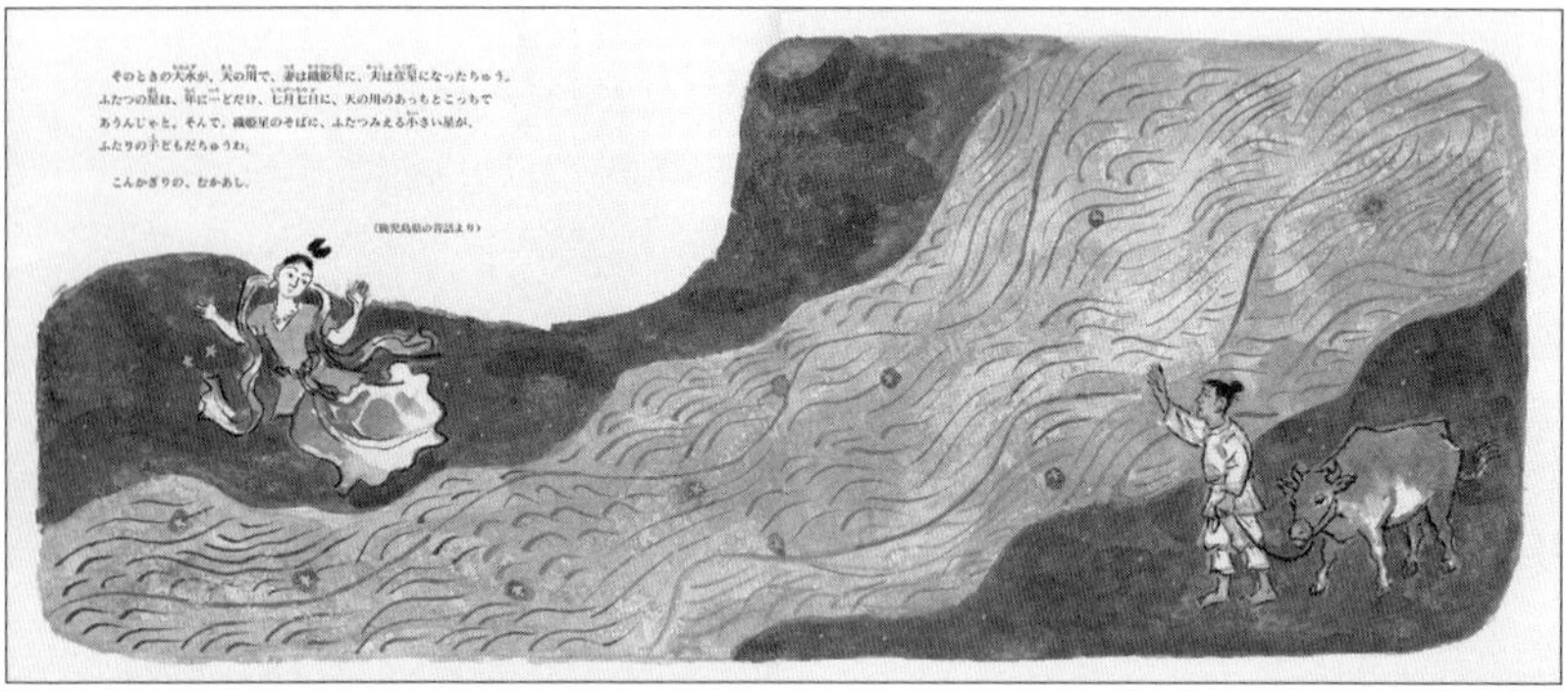

図5　『天人女房』見開き19

度、七月七日に天の川の対岸で会うようになった（終わり）。

イラストを見ると、天の人（天女のあでやかさ）と地の人（牛飼いの地味さ）が、前者は鮮やかな色彩、後者はくすんだ色合いで描き分けられています。女房は地上の生活では地味な色合いの着物を着ていますが、羽衣を見つけると美しく華やかに飛び去ります。

地上に一人残された若者はその姿も目つきも寂しげでやつれたように、家屋もくすんだ黄土色で描いてあります。一方、天上は雲の上として描いてあり、その雲は白いだけでなく、黄色、オレンジ、紫などで豪華に彩られています。天上で、若者は難題に立ち向かいますが、そのたびに、火や冬瓜のつるに追いかけられる場面は横に開く見開きを使い、迫力ある構図で描かれています。最後に二人を無残に分かつ天の川は黄土色に塗りこめられ、天（の人）と地（の人）が厳しく分けられていることを暗示しています（図5）。

「天人女房」は、日本の昔話でもっともスケールの大きい昔話ですが、画家太田は数場面を除いては見開きの広がりのある構図を用いて、本来は天と地の縦に広がる物語を、横に動く絵にして描いています。

この昔話は、日本の異類婚姻譚（この世界とあの世界のものが結婚する物語）としては珍しく、一度別れた夫婦が再会する話となっています。また恋（憧れ）、結婚、子育て、両親との関係、家族と別れなど、人間の生活をありのままに描く一方、七夕（年に一度だけ会える）というロマンチックな話で、語りも画もそれにふさわしい気品をそなえた名作絵本の一冊といえるでしょう。

この章では昔話を例にして、物語パターンを紹介しました。昔話を絵本にするのは大変難しいことです。この章で紹介した『やまなしもぎ』は伝承の語り口に忠実に描いた名作であり、『したきりすずめ』は石井の親しみのある語りを端正な絵で表現し、『つるにょうぼう』は文学的な語りと日本画風の絵で描き、『天人女房』は伝説的な物語を色彩豊かな絵に仕立て上げました。それぞれに特徴はちがいますが、昔話の再話にとどまらない、絵本ならではの魅力を生み出した名作であるといえるでしょう。

次章では、絵本のストーリー展開のなかでもっとも重要な、結末の結び方とハッピー・エンディングについて説明します。

注

★1　瀬田貞二著、『幼い子の文学』、中公新書、一九八〇年、六ページ。

★2　*The Hobbit or There and Back Again*, J. R. R. Tolkien, London: George Allen & Unwin Ltd, 1937.

★3　注1同書、七ページ。

★4　このような話を「最後部優先型」とか「末っ子成功型」と称しています。つまり、「始め」は最後部にいた主人公が、「中」でむずかしい課題を達成し、最後は「終わり」で、たとえば美しい王女と結ばれる、大逆転で物語が終了するのです。この種の物語では、登場者たちは、いわゆる昔話でいうところの「試験」を受ける。つまり、旅の途上で困っている老人を助けるかどうか、を試されるのです。上の二人は先を急ぐあまり、困っている老人を助けてやろうとせず、また素直にアドバイスを聞くこともできず、後にひかえている戦いの道具を与えてもらえません。そして、課題を果たせないのです。ところが、末っ子は、いつも小さくて劣っていると人に見下されているせいか、困っている人の心情をよくわかっている（弱い者を労《いた》わる心をそなえている）ので、老人を助け、忠告も素直に受け、結果的に山梨を手に入れるという課題を達成できるのです。

第5章　物語の結び方

『ダンデライオン』表紙

前章で、絵本のストーリーについて述べましたが、この章では子ども向けの物語（絵本や幼年童話）の結末について考えてみましょう。物語の結末に関していえば、私たちは「ハッピー・エンディング」ということばをよく使います。その意味はもちろん「幸せな結末」です。ですから、多くの方はこのことばを聞いて、主人公が幸せになって良かった（幸せな状態になって終わったのだ）、と思われるに違いありません。しかし、このことばには実はもっと深い意味があるのです。

『ピーターラビットのおはなし』――悲惨な結末？

子ども向けの物語は、主人公が幸せになって終わるのが望ましいですし、子ども読者にはふさわしい結末があると思います。しかし、何でもかんでも「良かった」というのが、必ずしも良い結末ではないのです。たとえば、名作『ピーターラビットのおはなし』は、主人公ピーターが一日の冒険で疲れ果て、帰宅後に具合が悪くなってしまったところで物語は閉じられるのですが、実はこれも見事な「ハッピー・エンディング」といえます。

ピーターは、母うさぎに「お父さんが捕まって殺されてしまった、マグレガーさんの畑には決して行ってはならない」と警告されていたにもかかわらず、その言い付けを守らず、母うさぎが出かけたすぐ後にその畑に行きました。そして、野菜を食べたいだけ食べて、マグレガー

図1　『ピーターラビットのおはなし』51頁

さんに見つかってしまいます。そのうえ、あやうく捕まりそうになり、命からがらやっと逃げ帰りました。帰宅後、具合が悪くなった彼は、苦い薬を飲まされて寝かされます（図1）。表面的には、悲しい結果に終わったようです。しかし、ピーターは命を落とさなかったばかりでなく、多くのことを学ぶことができました。そして、この作品を読む子どもたちの心には、ピーターの冒険の楽しさと恐ろしさだけでなく、命びろいをした安堵《あんど》感が、あたかも自分が経験したかのように、確実に残るのです。

『ピーター』のようなすぐれた絵本が、世界各地にあります。いわゆる「ハッピー・エンディング」で終わる絵本にはどのようなものがあり、その終わり方にそれぞれどんな意味を込めているのでしょうか。

『ダンデライオン』――苦い経験と成長

アメリカにドン・フリーマン[★1]（Don Freeman 1908-79）という絵本作家がいました。代表作として、『くまのコールテンくん』（*Corduroy*, 1968）がよく知られています。その彼の作品に、『ダンデライオン』（*Dandelion*, 1964）という名作があります。

――ダンデライオンという名のライオンが、ある日、友だちのパーティに招待されます。ダンデライオンは大喜びですが、行くにしても、自分の外見が気になって仕方がありません。そこで、彼はそのパーティにそなえて、美容院に行き、髪の毛を巻いてカットしてもらい、マニュキアをしてもらい、服、帽子、ステッキも新調します。百獣の王ライオンがこのようなことをすること自体、とても滑稽です（第5章扉）。

さて、こうして彼が友だちの家の玄関先にやってきてノックすると、友人たちには、流行の格好をした、その伊達男《だておとこ》が誰なのかわかりません。そこで、ダンデライオンは友だちの家に入ることを許してもらえなかったのです。

――ダンデライオンは、わけがわからず、友達の家の前で行ったり来たりします。すると突然、一陣の風が吹いて来て、帽子を吹き飛ばされてしまいます。それから激しい雨が降り始め、ステッキもなくしてしまいます。さらに、彼の巻いた髪は雨に濡れて解けてしまい、上着はずぶ濡れになってしまいます。まもなく雨はやみ、また陽《ひ》が照ってきて、彼の服は乾くのですが、彼自身は元のありのままの自分に戻ってしまうのです。

そこで、ダンデライオンがもう一度、呼び鈴を鳴らすと、今度は友だちに自分が誰だかわかってもらえ、家に入ることを許してもらえます。パーティでも歓待され、みんなは彼を見て喜んでくれるのです。こうして、ダンデライオンは自分が何者であるかを自覚し、二度と、粋な「めかし屋」にはならないと決心します。

『ダンデライオン』を読んでいると、読者は始めから終わりまで、主人公に惹きつけられてしまいます。というのも、主人公が、慎みなく、自己中心的でありながら、それでも一生懸命健気に生きているからです。そこに読者は共感するのです。ただ、その一生懸命さは独りよがりで、じつは本当の自分というものを大切にしていません。しかし、この物語の主人公は、つらい思いをすることで、自分の生き方に影響を与えるような何かを学んでいます。そして、自分を成長させ、豊かになっています。子どもの文学ですが、この作品は、人は苦い経験をして

図2　『ダンデライオン』48頁

大切なことを学ぶ、ということを伝えているようです。

『ダンデライオン』はユーモアにあふれた絵本ですが、ここで注目すべきことは、ダンデライオンが「自分に気づいた」ということです。自分はいかにあるべきか、ということに彼は気づいたのです。彼が外見ではなく、嘘いつわりのない自分の良さに気づいたということは、とても印象的な終わり方です。そして、子ども向けの作品としても見事なハッピー・エンディングであるといえます。この物語は、人は外見ではなく、「ありのままに生きることが大切である」ということを、幼い子どもにも、わかりやすく、ユーモアたっぷりに教えてくれるのです（図2）。

また、ダンデライオンは、一つ教訓を学んだだけでなく、自分自身の愚かさを客観的に笑い飛ばすことができたともいえます。そこには、ユーモアをもつゆとりのようなものを感じられるように思います。

『はらぺこあおむし』――自然の営みのすばらしさ

アメリカのエリック・カール★2（第9章参照）のしかけ絵本『はらぺこあおむし』（*The Very Hungry Caterpillar*, 1969）は、今なお人気のある作品です。

――日当たりの良い、ある日曜日、あおむしが小さな卵を産み落とします。卵から孵《かえ》ったあおむしは、お腹がぺっこぺこ。あおむしは次から次においしいものを食べつづけ、それでもお腹はぺっこぺこ。やがて、あおむしはさなぎになって、数週間眠り、最後には立派な蝶《ちょう》に変身して旅立ちます。

この作品は、絵本に造形的なしかけを施して、絵本を見て読むだけの楽しみから、触り、ページをめくって驚く喜びにまで高めた名作です。文章は静かに語りだし、繰り返しのフレーズを重ねていきます。また、あおむしの食べるものとして、子どもの大好きなくだものやおかしがずらりと並べてあります。

読者はページをめくりながら、次々あらわれる色鮮やかな絵を発見し、どんどん絵本に引き込まれていきます。一方、この絵本は子どもが自然の生きものの営み（しくみ）を知り、同時に

もう あおむしは、はらぺこじゃ なくなりました。ちっぽけだった あおむしは、ほら、
こんなに おおきくて、ふとっちょに なったのです。
まもなく あおむしは、さなぎに なって なんにちも ねむりました。
それから さなぎの かわを ぬいで でてくるのです。

図3 『はらぺこあおむし』見開き10

曜日や数を覚えることもできる、といった、多層的に満足できる作品です。

造形的な要素を見ると、全体の半分は見開きページで、半分は分割断裁したページで構成され、めくるごとに、少しずつ紙幅が広がっていきます。絵は着色した紙を切り取り、貼り合わせる手法（コラージュ）が用いられています。紙は厚めで、さらに紙面に穴を開けるという、発売当時としては、驚くべき造形手法が施されています。

小さな生きものが、卵からいもむしへ、それからさなぎへ、そして、最後に蝶になるわけですが、その間、あおむしは、自分のしなければならないことを一生懸命に果たしています。つまり、たくさん食べて、大きくなること……そして、蝶になることを叶えるのです。これは、成長という子どもの特性といえます。そして、成長というハッピー・エンディングは子どもが誰でももっている可能性です。

この絵本を読んで、深く心を動かされることは、あおむしが最後に美しい蝶になる前に、硬い暗い色の殻で覆われて、さなぎで過ごすという場面です（図3）。それは花の球根が寒い冬を土の中で過ごし、やがて春に美しい花を咲かせることに似ています。自然は良い結果を結ぶために必要なことを黙々と実行します。見てくれの悪い形でじっと「時」を待つことがあっても、やがて美しい結果が得られるのです。

絵本の表現力

子ども向けの文学では、物語の終わり方が非常に大切です。なぜなら、これから人生を始めていく人にとって、幸せな結末が待っていることが大切なメッセージとなるからです。ただし、物語そのものが幸せな結末によって終わること以上に、物語を読んだ子どもに、読み終えた後に、どんな思いを抱かせるか、も大切なことなのです。ですから、一見幸せな結末に思えない物語の終わり方でも、読み手の中に安堵感、満足感、達成感、期待感などを残すことができれば、それは子どもの文学として成功しているといえるのです。

★注

★1　カリフォルニアのサンディエゴ生まれ。幼い頃から絵や音楽が好きで、高校卒業後、ニューヨークに移り、ジャズトランペット奏者として生計を立てた。同時期、夜間のアートスクールやサマースクールで絵画を学んだ後、演劇関係のポスターなどを手がけるようになり、一九五〇年代の中ごろから、子ども向けの本を作った。

★2　ニューヨーク州生まれ。大恐慌の後、六歳でドイツに渡る。ストゥットガルトの美術学校を卒業。やがて、幸せな幼年時代を思い返し、アメリカへ帰国。グラフィック・デザイナーとしてニューヨークタイムズに就職。その後、広告代理店のアート・ディレクターとして活躍。光の出る絵本、音の出る絵本なども制作。マサチューセッツ在住。本書9章参照。

コラムⅠ

絵本のさまざまな楽しみ方

絵本の手法

ここでは、絵本を楽しむさまざまな見方を紹介しましょう。絵本の描き方にはいろいろな手法があります。その手法を少しでも知っておくと、絵本の見方が変わってくるでしょう。

絵本画家たちは、絵本の紙面いっぱいにのびのびと、あるいはこじんまりと描くこともあれば、枠やコマを使用して描く場合もあります。登場人物や事物を枠内やコマ内に収めて描く場合、逆に、あえてはみ出させたり（はみだし――制限や制約を破り、生き生きとした動きを感じさせる効果）、断ち落としたりする場合があります。また、紙面、枠、コマのどの位置に事物を置くかで、読者の印象は異なります。ここでは、参考に「断ち落とし」（事物の大きさを出す、距離感を演出する）という手法（図1）を見てみましょう。この場面は、物語

図1　『リベックじいさんのなしの木』の「別れ」の場面

の中心人物であるリベックじいさんが天国に召されて、それを悲しむ村人たちの様子を描いた場面です。左ページで近景の人物の脚部分を断ち落として大きさを出し、中景では人物の足の先端を断ち落とし、遠景では群衆をこじんまり、ぼんやりと描き、こうして同じページ内で遠近感を演出しています。

雰囲気をかもしだす絵画様式

絵画の様式（画風・様式）と絵本の関係を見てみましょう。たとえば、印象主義、表現主義、立体主義やシュールレアリズムなどの手法を用いた絵本が、どういう意図でその手法を用い、印象づけているか、そのありようを見ていくと、おもしろいことがわかります。また、プレミティブ・アートやフォーク・アート風の手法、さらに漫画風、劇画風の手法を用いた絵本の意図を探るのも興味深いです。このような手法が、物語ジャンルのリアリズム絵本、ファンタジー絵本に効果的に用いられているのです。ここでは、フォーク・アート風の手法の例（図2）を掲載しておきます。この絵本は北米の開拓時代の農民の生活を描いたものです。古い時

図2　『おとうさんの庭』見返しより

代を彷彿とさせるフォーク・アート調のデザインが、この家族の生き方をよく示しているといえます

絵本の画材とおもしろさの演出

絵画手法のコラージュ、マーブリング、映画手法のモンタージュ手法やズーム・イン、ズーム・アウトなどを用いている絵本があります。そうした画材の効果を見ることは、絵本の味わいを深めます。また、どんな材質の紙を用いて描いてあるか、描かれている事物の質感が、物語の雰囲気にどんな影響を与えているか、そんなことを見つけるのも絵本鑑賞の醍醐味です。

絵本の描写は、水彩、油絵、アクリル、グワッシュ、テンペラ、パステル、クレヨン、色鉛筆、チョーク、インク、木板、石版、リノリウム版画、スクリーン印刷など、多岐にわたる画材が用いて描かれています。それぞれの画材が、作品のおもしろさを演出しているのです。内容から少し距離を置いて、画材そのものの

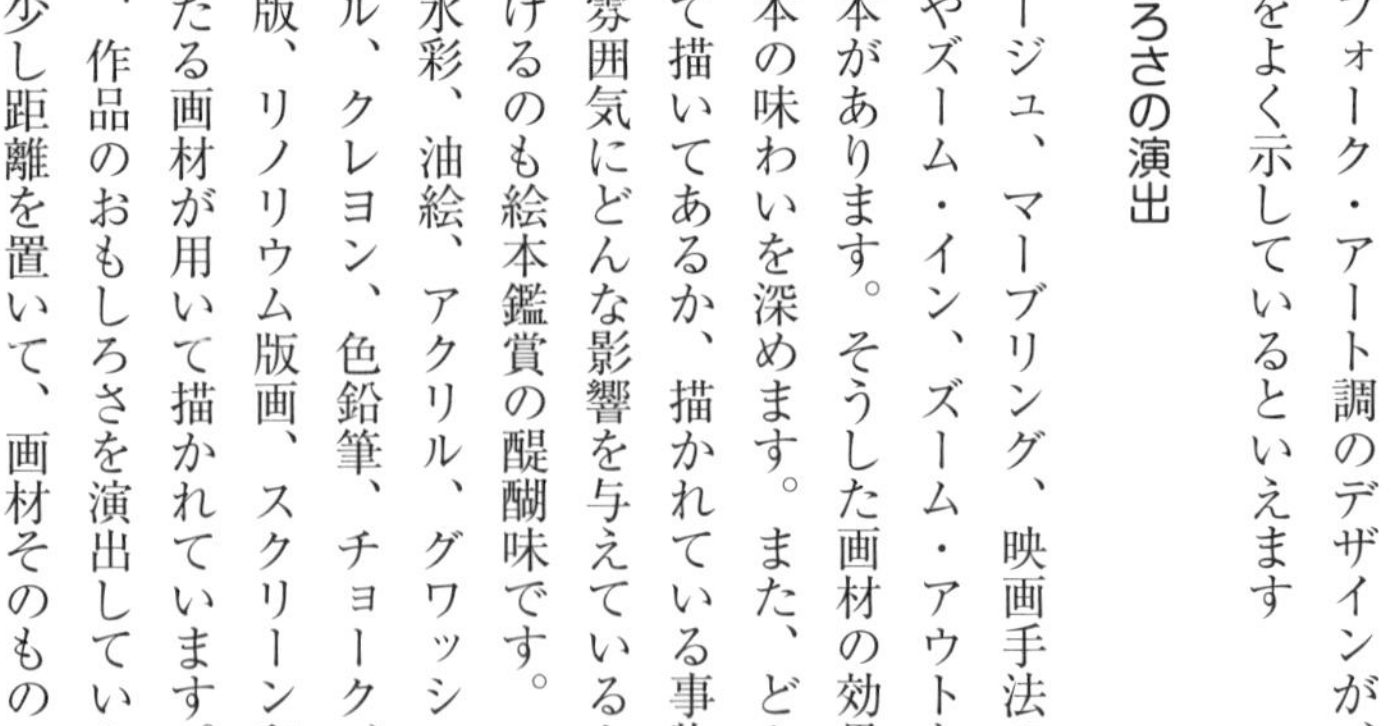

図 3　『たいようもつきも』見開き 4

効果を見てみるのも楽しいものです。

さらに、描写に関していえば、コンピュータ・グラフィックを用いた絵本が次々に出版されています。最近では素材を複合的に用いている絵本も出現しています。たとえば、切り絵と水彩を用いて、絵本のテーマを繊細に効果的に演出した絵本（図3）などがあります。この作品はイタリアの聖フランチェスコの詩、自然を賛歌した「太陽のうた」を絵本化したもので、繊細な切り絵に水彩で着色し、聖人の生き方の清貧さと素朴さを上手に伝えています。

世界中で、日本でも絵本研究が盛んに行われていますが、今や医学、心理学、教育（メディア・リテラシー）、保育など、さまざまな分野との関係で、絵本への関心は深まり、広がってきているといえます、さらには、絵本そのものというより、絵本を素材に、ある種の領域や学問が発展している例も増えています。絵本を高めるために、今後も、さまざまな分野の方々の協力が必要だと思われます。

後半、第Ⅱ部では、数名の絵本作家とその代表的な作品を紹介し、絵本がどんなにおもしろいものであるか、別の視点から記してみます。

参考文献

『子どもはどのように絵本を読むのか』ヴィクター・ワトソン・モラグ・スタイルズ著、谷本誠剛ほか訳、柏書房、二〇〇二年。

II

絵本作家の歩み

第6章　挫折をユーモアで乗り越える
――アンソニー・ブラウンのあたたかい絵本

『すきですゴリラ』の表紙

英国の絵本作家アンソニー・ブラウン（Anthony Browne 1946– ）は、二〇〇〇年に、彼のそれまでの全業績に対し、国際アンデルセン画家賞を与えられました。今では世界中の誰もが知っている有名な絵本作家ですが、彼の生涯を綿密に調べていきますと、二つのことがわかります。一つは、彼が非常に苦労した人であるということ。二つ目は、彼は絵本作家になるべくしてなった人であるということです。

ところで文学についても映画についても何かを論じる際、有効な一つの方法は、対象とする作者を「時代の流れ」のなかに置き、またその作家の作品を「社会的、文化的背景」に照らして読みとってみることです。ここでは、時代という文脈のなかで、絵本作家アンソニー・ブラウンについて述べることにします。

時代背景

ブラウンは、一九四六年、英国ヨークシャー州のシェフィールドという町で生まれました。イギリスは一八〇〇年代に工業が発展し、北イングランドの人口が増加していくのですが、シェフィールドは、質の高い鋼鉄や銀のめっきなど金属製品で栄えた町でした。

さて、英国の児童文学界の歩みを見ると、一九六〇～八〇年代にさまざまな試みが行われ、絵本の分野でも革新的な動きがありました。英国の絵本は、一九世紀以来、「絵で物語る物語絵本」というスタイルをとって発展してきましたが、六〇年代以降に、従来の伝統的なスタイルを踏襲しながらも、時代の変化や、混迷する現実を、絵本をとおして訴える作家が登場するようになったのです。

彼らは、変容する社会に戸惑いながら、一方で進歩した印刷技術の利点（オフセット印刷、カラー分析、写真技術、紙の加工技術など技術面での発達）を活かし、表現に富むイラストレーションを効果的に再現し、斬新で、個性的な絵本を生み出しました。こうして、従来の絵本の概念を変える作品が次々と誕生し、多色刷りを特徴とする、彩り鮮やかな絵本が出てくるようになったのです。

一九七〇年以降、英国は世界的な不況とインフレの影響を強く受け、新たな社会不安を抱えることになりました。労働者階級は失業にともなう貧困にあえぎ、都会では移民流入にともなう人種問題や階級問題が表面化して、国民の生活を大きく揺るがしました。このような社会の状況は、子どもの日常にも深く関わり、絵本のテーマも複雑・深刻化していきました。当然の流れとして、労働者階級の子どもを主役に置く絵本も現れ、貧困はじめ、様々な問題に苦悩する大人と子どもの実態を反映した、現実感のある作品が増えてきます。さらに、異（多）文化共生、ジェンダー、環境問題、反戦、原子力の恐ろしさ、老い、病、死など、複雑で多様な問題が扱われるようになりました。

この時代の英国の代表的な絵本作家（画家）が、チャールズ・キーピング（Charles Keeping 1924–1988）、ブライアン・ワイルドスミス（Brian Wildsmith 1930– ）、レイモンド・ブリッグズ（Raymond Briggs 1934– ）、ジョン・バーニンガム（John Burningham 1936– ）、アンソニー・ブラウンなどでした。彼らは、生きること自体が大変な時代ではありましたが、印刷技術の進歩という時代の潮流に乗って台頭した絵本作家といえます。

なかでもアンソニー・ブラウンは、従来、絵本では扱わなかった深刻なテーマを取り上げ、絵本表現の枠をひろげた作家（画家）の一人です。彼の絵本では、初期のころから深刻なテーマが語られています。たとえば、貧困、階級差別、失業、動物虐待、子どものいじめ、離婚家庭、悪夢、兄弟げんか、死と、ありのままの現実が語られているのです。

ブラウンが絵本では難しいと思われた試みを成功させているのは、その表現手法と深く関係しています。彼はその独特の手法を用いることによって、絵本をとおして深いメッセージを訴えることを可能にした芸術家なのです。

挫折から生まれた表現手法

ブラウンの個人史を見ていくと、作品を形成している、いくつかの要因をあげることができます。彼は生後まもなく、田舎の小さな村に引っ越して育ちました。質素な家庭で、両親に深く愛され、少年時代はルイス・キャロルの『不思議の国のアリス』やロバート・ルイス・スティーヴンソンの『宝島』などに強く惹《ひ》かれました。また子どものころから、よく絵を描き、話を作り、まわりの人々に語ったといいます。青年期はスポーツに打ち込みますが、画家を目指してリーズ美術大学に入学。入学後、まもなく（一七歳の時）、敬愛する父親が心臓発作で急死し、以後、人体の内部と病、死に対する恐怖感を覚えて過ごしたといいます。絵画を学ぶも、大学の美術教育（当時、カリキュラム上、重要とされた商業デザインの授業）にはなじめず、写実的にものを描く写生の授業を好みましたが、先生方にはあまり評価されないまま卒業しました。

父親の死以来、人体や死への怖れをもち続けていたブラウンでしたが、マンチェスター大学の医学教材を制作するアシスタント画家となり、人体の構造や各組織の機能を学び、そしてそれらを描いて過ごすことになります。手術と検死をじっくり見学し、やがて恐怖感を完全に払拭できるようになったそうです。しかも医学画家の仕事から非常に重要なことを学びました。というのも医学教材を作ることは、人体の複雑な組織をわかりやすく描くという仕事でした。込み入った事物を、見る人にわかるように簡潔に描く技術が必要でした。命の尊さ、生物に対する観察力、そして精密で深みのある描写で見る者の心に訴える力は、この時期に培ったものです。図1は、のちにそのような観察力、表現力が活かされた作品『どうぶつえん』（*Zoo*, 1992）の一枚ですが、檻に閉じ込められたゴリラの悲しい思いが憮然とした表情で描かれています。

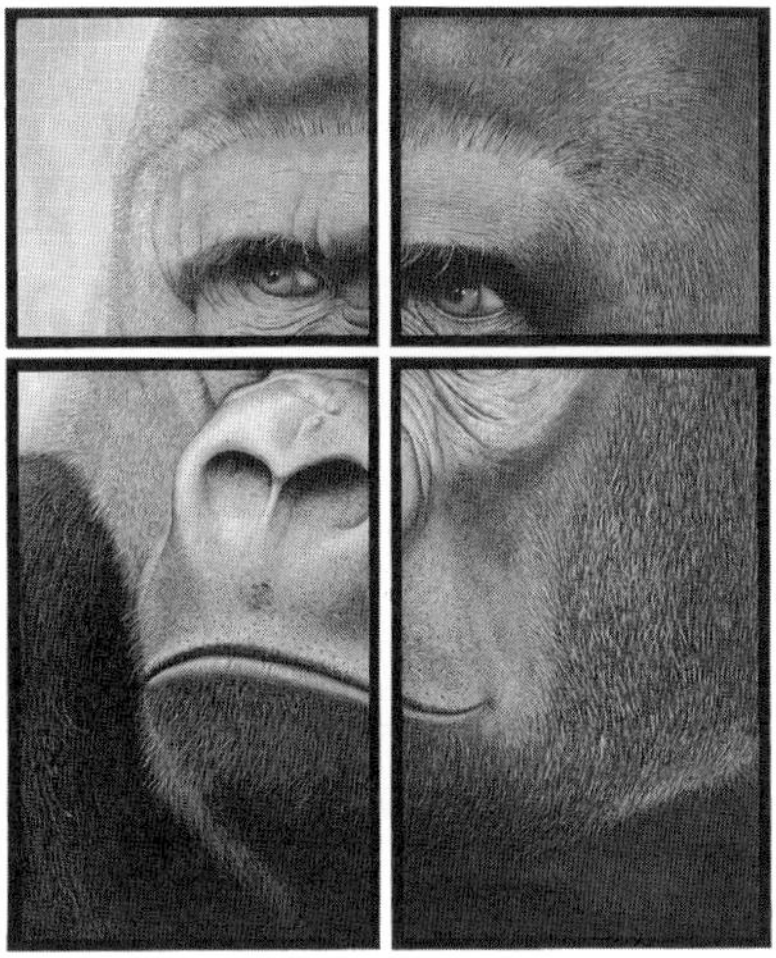

図1　『どうぶつえん』場面21

つづいて彼は、グリーティング・カードのデザイナーとして生計を立てますが、この経験が、後に絵本作家としての成功に役に立ちました。というのも、カードデザインの多くは子どもを対象にしていたので、子どもに受ける当時のユーモラスなデザインが、彼の本の基調となったからです。

その後、ブラウンは絵本作家となり、子どもの本で現代社会や家庭に起こる諸問題をテーマにし、斬新な手法で描き続けています。最初の作品は『魔法の鏡を通って』(*Through the Magic Mirror*, 1976) です。彼は『すきです ゴリラ』(*Gorilla*, 1983)、『どうぶつえん』でケイト・グリーナウェイ賞を受賞しています。

深刻なテーマと温かい心

ブラウンは他者のテキストにイラストをつけることにも挑みました。彼が選んだのはグリム童話の代表的な作品『ヘンゼルとグレーテル』(*Hansel and Gretel*, 1981) でした。彼はこの物語を「汚い（dirty）」物語であると述べています。なぜなら、この話は親が子どもを捨てる悲惨な話だからです。「ヘンゼルとグレーテル」を絵本化する際、これまでの、また彼のまわりにいる絵本作家たちの多くは、きれいな挿絵を付け、美しく描き上げてきました。ところが、彼は物語の時代を現代に設定し、貧困のあまり、親が子に愛情をもてないという難しい物語を、貧しい家庭の悲惨な情景として描いているのです。絵の背景には檻を思わせるさまざまな縦の縞模様が描かれています。これは人が時代や自然の猛威（この場合は飢饉）によって人でなくなる、つまり何かに閉じ込められて人間らしく行動できなくなることを暗示しているようです。

ブラウンが絵本作家となった一九七〇年代は、先にも述べたとおり、社会不安を反映した現実的なテーマの絵本がほかにも多く出ています。ブラウンもたとえば『泊りに来たお客さん』（Annalena Mcfee, *The Visitors Who Came to Stay*, 1984）で、親の離婚や再婚問題に巻き込まれる子どもたちの姿、困難な時代に生きる親子の葛藤を、ジェンダーの視点を交えて描いています。『おんぶはこりごり』（*Piggybook*, 1986）では、男性中心の家庭での女性の悲哀と女性の人権の回復を訴えて、現代社会の人間のありよう自体を見直させます。さらに、『こうえんで…4つのお話』（*Voices in the Park*, 1998）では、裕福な家庭の親子と貧しい家庭の親子を公園という公共の場で出会わせ、人種、貧困、異（多）文化共生といった問題を考えさせます。

ブラウンはつねに、苦しい生活を強いられている弱者の側に立ち、虐《しいた》げられている者の気持ちを代弁しています。特に受賞作となった『すきです ゴリラ』では、母親のいない家庭の少女の気持ちを、『どうぶつえん』では檻に閉じ込められた動物たちの悲痛な叫びを、自由を奪われた孤独な姿で訴えています。

しかし、彼の絵本は深刻な主題を扱いながらも、愉快で楽しい雰囲気をかもし出しています。それは、作家のもつ優しさや思いやりがユーモラスなイラストをとおして読者に共感されるからです。

おもしろいことに、ブラウンの絵本にはたくさんの遊び絵が描かれています。彼は子どものころから絵を描くことが好きであり、常に背景に遊び絵を描いて育ったそうです。ブラウンは、その遊び絵で、シュルレアリスム絵画の表現手法（画面上に異質なものを一見無関係なものとして併置し、しかし両者が不思議な関係を生み出す手法）を用い、絵本のなかに独特の滑稽さを演出しています。時には本筋の物語の背景で、副次的な物語が展開されています。それは写真の中の絵で展開されたり、名画のパ

図２　『どうぶつえん』場面６

ロディであったりします（図2）。また背景に描かれている図柄を見つけ出すゲームのようなおもしろさが、テーマのもつ深刻さを和らげるもうひとつの要因かもしれません。

またブラウンのイラストをていねいに見ていきますと、描写法が多彩であることに気づかされます。たとえば、紙面上に枠、コマ、囲い線、登場者のはみ出し、断ち落とし、動きを強調する動線というような独特の手法が用いられています。特に枠には特徴があり、複数の枠、変形された枠（丸枠、崩し枠）など、従来の絵本には見られない手法が、意図的に使用されています。

こうした手法が施されていることには重要な意味があります。たとえば、『ヘンゼルとグレーテル』では、檻を仄《ほの》めかす縦縞は、終わりに近い場面では取り払われています。こうして、深刻な主題の物語でも背景に工夫を施して、読者が無意識に明るい希望を感じられるように描写されているのです。

ゴリラが好きな理由

一方、『うちのパパってかっこいい』（*My Dad*, 2000）は、表面上は滑稽であり、頼もしい父親を面白おかしく賞賛した作品です。しかし、実際には敬愛する亡き父親を偲《しの》んで描かれた思い入れの深い作品です。

ブラウンはゴリラが大好きな画家ですが、彼はゴリラのイメージと父親を重ねていると言っています（図3）。彼のお父さんは大柄で体格の良い人でした。その一方で、詩を作り、子どもたちに精巧な模型を作ってくれる繊細な心の持ち主であったそうです。彼は講演会で、以下のように述べています。「ゴリラは過去に描写されたような、けんか好きの戦闘的ないきものではありません。彼らはおとなしいヴェジタリアンで、家庭を大切にし思いやりがあり、親が困っているとよく面倒をみるのです[★1]」。

その父親が亡くなって長年たったある日、ブラウンは母親の所有する古いスーツケースの中

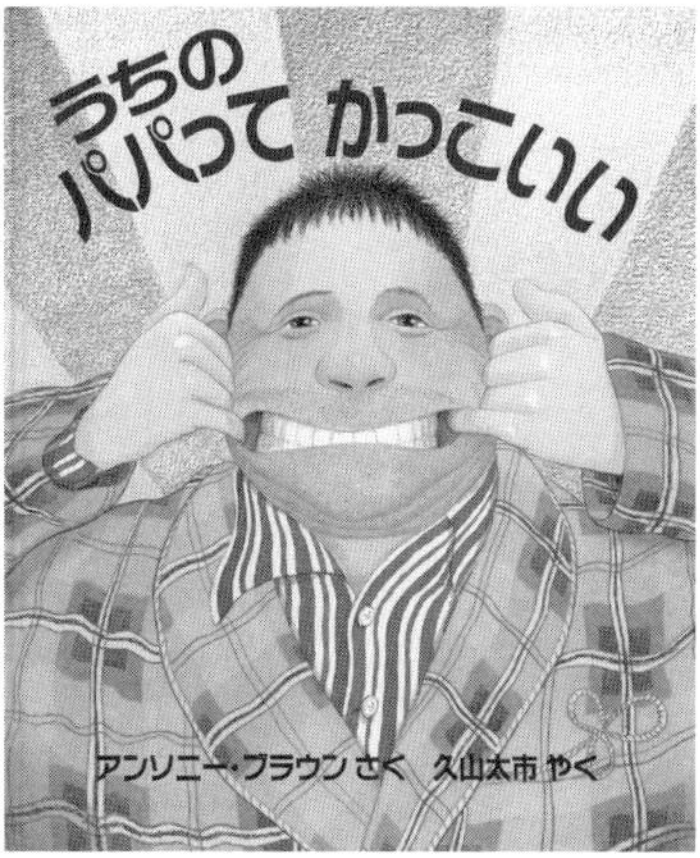

図3 『うちのパパってかっこいい』表紙

図4 父の古いガウン（ブラウン氏提供）

図5　見開き12右

に、父の古いガウンを見つけました。ガウンを見ているうちに、たくさんのことが思い出されました。小さな少年〔であった、当時の自分〕は、父親は何でもできると考えていたことなど……そのガウンは古くて、あちこちに穴が開いて、腰ひもはなくなり、とてもカビくさい臭いがしました。そのにおいが、私に父を思い出させたのです」。この体験から、彼は父親を懐かしんで父親の絵本を作ったのです。

ところで、この作品にはいたるところに、太陽が描かれていますが、彼は「太陽を表す、英語の単語〝sun〟は、息子を表す単語〝son〟とまったく同じ発音です」と、述べています。父親が、息子を太陽のように大切にしてくれたという意味合いが込められているのです。

最後の場面（図5）を、彼はさまざまな思いを込めて描いています。彼は講演会の時、このページを〝hug〟と呼んで、以下のように説明してくれました。「子どもたちは、この絵の背景を見て「太陽の光みたい」「木の年輪みたい」「ガウンの柄みたい」「天使みたい」「クモの巣みたい」などといいます。実は、このように連想するだろうと、私は意識して描いたのです」。ここからわかることは、子どもは絵を隅々までよく見て、そこから自由に連想するということであり、ブラウンが、そのような子どもの連想をよく理解しているということです。

彼の絵本の主人公たちの多くは社会の中心にはいない、いわゆるアウトサイダーであり、敗北者です。しかしながら、彼らはマイナスを負いながらユーモアをかもし出し、読者に温かなメッセージを送ります。ブラウンは自らの挫折をバネにし、ふつうの人を主人公にし、絵本の世界を豊かにしました。彼は厳しい時代に生き、苦労をし、しかし、優しさや思いやりをそっと作品に描きます。そして、自分でも背景の遊び絵で楽しみながら、同時に読者に楽しさを存分に味あわせてくれるのです。

★注

1．2　アンソニー・ブラウン、講演会「*PLAYING THE SHAPE GAME*」フェリス女学院大学、二〇〇三年

第7章　徹底した観察者
――ロバート・マックロスキーとカモの親子

『かもさんおとおり』表紙

ロバート・マックロスキー（Robert McCloskey 1914-2003）は、アメリカで深く愛された絵本作家でした。今では、もう古典的ともいえる彼の子どもの本、とりわけ、『かもさんおとおり』（*Make Way for Ducklings*, 1941）や『すばらしいとき』（*Time of Wonder*, 1957）は、出版以来、ずっと幼い子どもたちとその両親を楽しませてきました。そして、これらの名作は、今なお読み継がれています。そこで、この章では、彼の代表作『かもさんおとおり』を取り上げて、この作品ができるまでの歩みと、この作品に込められた意味を述べてみたいと思います。★1

少年時代と世界恐慌

マックロスキーはアメリカ、オハイオ州の中西部、製造業の町ハミルトンで育ちました。少年のころ、彼はハーモニカ、オーボエ、ドラムを演奏し、音楽家になることを夢みていました。また、彼の母親に似て、絵を描くことも好きでした。一方で、父親同様、機械をいじることも好きでした。幸せなことに、彼の両親は彼の興味を支え、すべてを後押ししてくれました。

マックロスキーが十代の時、世界大恐慌（一九二九）が始まりました。当時はお金も仕事も乏しく、たいていの人々が大学に行くことはぜいたくだと考えていた時代でしたが、幸いなことに、彼は高校の最終学年の時、ボストンで美術を学ぶための奨学金を得ることができました。後年マックロスキーは、「もしその奨学金がなかったら、僕はオハイオを離れることも芸術家になることもなかったでしょう」と述べています。

大恐慌の間、芸術家たちは、どんな仕事でもする覚悟で生きていかねばなりませんでした。マックロスキー自身も油絵画家、水彩画家、壁画家、商業美術家として、自分の運と力量を試してみました。しかし、なかなか道は拓かれませんでした。

名編集者との出会い

ある時、彼はニューヨーク市で子どもの本を出版している女性がいたことを思い出し、ヴァイキング社のその編集者メイ・マッシー★2に会いに行きました。彼女は彼の画集を見てすぐ、この若い青年の才能を認め、絵を描き続けるように励ましてくれました。そして、ヴァイキング社の出版物の表紙にイラストレーションを描く仕事をさせてくれたのです。

メイ・マッシーは当時、編集者としての力量のもっとも発揮されていた時期でした。彼女はおもしろいと思えない想像上の場面を描くのではなく、自分の直接知っているものを描くように、と彼に伝えました。この助言が、マックロスキーの方向性を決めたことは間違いありません。その三年後、マッシーはマックロスキーの最初の絵本『ハーモニカのめいじんレンティル』（*Lentil*, 1940）を出版します。この作品は、画家自身の中西部での子ども時代の思い出にもとづいて伸び伸びと自由に描かれた作品です。

図１　こうえんにはいっていきました。（見開き 27）

『かもさんおとおり』誕生

一九四一年に出版した二冊目の作品『かもさんおとおり』は、カモの親子を描いて、彼の代表作になりました。

一九三〇年代の初めころ、学生だったマックロスキーはボストン・パブリック公園を、その手の込んだ白鳥の遊覧ボートや住人であるカモの一家を眺めながら、のんびりと散歩したりして過ごしました。卒業後、彼はニューヨークに移り住んで働いていましたが、一九三九年ころ、仕事でボストンに短い滞在をすることになり、はっきりした物語がまだ心に浮かばないまま、彼は公園でスケッチしたり、日々行われていることを観察したりしながら数時間を過ごしました。その時、絵本の物語になりそうな、公園に生きる平和な住人の引き起こす事件に出会ったのです。

ある日カモの一家が、ビーコンヒルの近くの通りを渡

図2　カモのスケッチ

っていく時、警察官が信号を止め、交通渋滞を引き起こしたのです。日本でも、毎年のように、皇居のマガモがお濠や道路で子育てをしている様子が、テレビなどで紹介され、話題になりますが、ボストン公園のこの出来事は、当時、地方紙でも報道されました。マックロスキーはその出来事に基づいて絵本のテキストを書き、ダミー本（これから作る絵本の模型）を作りました。彼はニューヨークにもどると、さっそくメイ・マッシーにこの出来事について話し、自分のアイデアを伝えます。すると、マッシーは、彼にこのアイデアで絵本を描くように奨めてくれたのです。そしてカモを描く前に、カモについて学ぶ必要があるという彼に同意してくれたのでした。

それから二年以上にわたって、マックロスキーはアメリカ自然史博物館でマガモの標本を手に取って調べ、鳥の専門家とカモの体のつくりについて話し合いました。それでも満足できずに、彼は市場で、モデルに使うための生きたカモを数羽購入することまでしました。最終的には一六羽のカモが彼と過ごすことになりました。

当時、彼のグリニッジ・ビレッジのアパートには絵描き仲間のマーク・シーモント（Marc

Simont 1915–2013）が一緒に住んでいました。（シーモント自身も、後に、ジャニス・メイ・ユードリイの『木はいいなあ』にイラストレーションをつけて、一九五七年にコールデコット賞を受賞しています。）シーモントは「カモは夜明けに目覚め、もう人を眠らせてはくれないんだよ。やつらはひどく騒ぐんだよね」と回想しています。カモはどこにでもふんをするので、相当の量のティッシュが必要になりました。

カモと同居するというのは困ったことでしたが、マックロスキーにとって、カモの生態を徹底的に知るには他に方法がなかったのです。たとえば、マックロスキーは、飛行中、カモのくちばしの下側はどうなっているか知りたいと思いました。シーモントは当時を思い出して次のように語っています。「マックロスキーはカモの一羽をタオルにくるんで、そのカモを長椅子の上から頭部が突き出すように置いた。それから彼は床に仰向けに寝て見上げてカモをスケッチしたんだ」。そうして彼は何枚も何枚も描きました。

イラストレーションを描きながら、彼はテキストを整えていきました。この時、彼は、この作品が当時のアメリカで受け入れられることになる、とても重要な変更をしています。初めのダミー版は、カモのつがいマラッドさん夫婦は初めからボストンに住んでいます。そして春が来る時分に、単に南の越冬地から帰還してくるという話でした。ところが、最終版は、マラッドさんたちが越冬地から家族を育てるための安全な住まいを求めて、ボストンにやってくると

図3　場所を探すためボストン・ビーコンヒルの州議会上を飛ぶ場面のためのスケッチ

ころから始まります。しかし、ふさわしい場所がなかなか見つかりません。そうして夫婦が安全な地を探す場面が物語の中心的な場面になったのです。

ところで、騒がしい鳥との共同生活？は他の変化ももたらしました。ダミー版では、マックロスキーは子ガモにメアリー、アリス、ジョージそしてジョンなどと、どこにでもいそうな名前をつけていました。しかし、最終版では実在の鳥のガーガー鳴く声を参考にして、子ガモに、ジャック、カック、ラック、マック、ナック、オアック、パックそしてクアック、つまりJ～Qをかぶせた響きのいい名前にしました。そしてこの響きが、物語にリズムと親しみを感じさせることになったのです。

一方、マッシーはベテランの編集者として、全六四ページをすべて色刷りにする費用を懸念していました（色刷りはつねに多く費用がかかります）。また若く経験の浅いマックロスキーが複雑な色を加えすぎることを懸念し、一色刷りにするよう配慮しました。それが結果的に良い仕事につながったのです。

同時に、マックロスキーは機械による印刷に興味をもち、絵本の印刷の仕方にも習熟していきました。紙面にイラストレーションを描いた後、最終版はジンク（亜鉛メッキした）板に直接描き、それを刷版としました。この板は画用紙より色合いが暗く、画家にとっては、描こうとしているものを把握することが難しくなります。しかし、このような手法で印刷することによって、印刷のコストを落とし、印刷の過程を単純化できるのです。またこの技法は、描かれたイラストレーションを画家が望むように印刷できる利点がありました。

『かもさんおとおり』は一九四一年の秋に出版されました。批評家たちはこの絵本のもつユーモア、あたたかさ、また、しっかり結ばれた家族の絆のある物語を子どもたちに提供し、平和という観念を与えた点などを称賛しました。この数週間後、アメリカ合衆国は第二次世界大戦に突入しました。家族の安全を確保し、父親が無事帰還するという物語の筋は、戦時中の国家の子どもたちには重要な意味をもつにいたったのです。

翌年、『かおさんおとおり』はコールデコット賞を受賞しました。そして、マックロスキーは軍隊に入隊しました。大戦後は、作家、画家としての彼の収入が、彼と妻と幼い娘たちをメインコーストの島へ移住することを可能にしました。その島での彼らの生活が、『サリーのこけももつみ』(*Blueberries for Sal*, 1948) をはじめとして、彼の後の絵本のテーマとなります。

記念像の設置と東西の交流

ボストン・パブリック公園の百五十周年にあたる一九八七年、この心温まる物語を祝って、母さん鳥のマラッドさんとコガモたちのブロンズ像が設置されました。ボストン市の親子のカモの彫像は市民に深く愛されています。というのも、この物語がボストン市の生活になくてはならぬ象徴として市民に慕われるようになっていたからです。

また四年後、その複製がモスクワへ船で送られました。そして公共の公園に、「アメリカ合衆国の子どもたちに代わって、ソビエト連邦の子どもたちに愛と友情において与えられる」贈り物として設置されました。

図4 『かもさんおとおり』のブロンズ像は、現在、市民にもっとも愛される名所の一つになっている

素朴で誠実な画家

一九四二年のはじめ、メイ・マッシーがマックロスキーに、『かもさんおとおり』がコールデコット賞を受賞したことを電話で伝え

たとき、絵本作家としてはまだ新人であった彼は「その賞とは何？」と返答しました。というのも、この賞は創設されて間もなく、また、それまでに受賞したイラストレーターは四人しかおらず、マックロスキーはこの賞のことを聞いたこともなかったからです。

後年、マックロスキーには、作品の商品化などの依頼がたくさん来ました。彼はこの申し出をうれしく思ったものの、すでに皆に親しまれている物語が何か他の表現形式で見られることを好みませんでした。事実、彼はマラッドさん一家の物語を連続テレビシリーズにしたいという申し出を拒否しています。一九九一年、『かもさんおとおり』が五十歳になる年、「テレビはあまりに一人歩きしてしまう。だから僕は、本のまま残るほうがいいと思う。本のまま読まれるほうがうれしい」とある記者に語ったそうです。マックロスキーらしいエピソードです。

二〇〇〇年の春、マックロスキーは、アメリカ議会図書館から、「生きた伝説（Living Legend）」という称号を与えられます。この賞は、芸術、科学、公《おおやけ》の奉仕などで、その功績がアメリカ人の生活に寄与し、間違いなく後世に残ると思われる人々に贈られる栄誉ある賞です。その時の受賞の理由は、「彼の絵本は、ふつうでは体験し得ない、現実と想像を混在させ、ユーモアと不思議と喜びを、あらゆる年齢の子どもたちにもたらしたから」と書かれています。（参考までに、もう一人、その日「生きた伝説」として業績を讃えられたのは、同じくコールデコット受賞者のモーリス・センダックでした。）この時、マックロスキーは人生の晩年にあり、ひっそりと暮らしていました。マックロスキーは、すばらしい人生を生き、二〇〇三年に、生涯愛したメイン島で、静かに眠りました。

主な受賞歴

一九四二年『かもさんおとおり』コールデコット賞受賞
一九四九年『サリーのこけももつみ』コールデコット・オーナー賞受賞
一九五三年『海べのあさ』コールデコット・オーナー賞受賞
一九五四年『ジョニーのかたやきパン』ルースソーヤー文、コールデコット・オーナー賞受賞
一九五八年『すばらしいとき』コールデコット賞受賞
（出版は、すべてヴァイキング社）

注

★1　この文章を書くにあたり、レオナルド・S・マーカスの以下の本を参考にさせていただいたことを、感謝して記します。なお、マックロスキーによるスケッチの引用も同書による。
Leonard S. Marcus, "Make Way for Ducklings," *Caldecott Celebration*, Walker & Company, New York, 2008.

★2　May Massee 1881-1966. アメリカの子どもの本の名編集者。一九二二年にダブルデイ社（Doubleday）の、最初の児童図書部門の責任者となった。その後、ヴァイキング社（Viking

Press）を起こし、一九三二年に児童図書部門を開設している。『アンガス *Angus*』シリーズのマージョリー・フラック（Marjorie Flack 1897-1958）、『マドレーヌ *Madeline*』シリーズのルドウィッヒ・ベーメルマンス（Ludwig Bemelmans 1898-1962）や『もりのなか *In the Forest*』を描いたマリー・ホール・エッツ（Marie Hall Ets 1895-1984）などの編集者として知られている。

第8章　自分探しの旅に生きた芸術家
——レオ・レオニと「ありのままの自分」

『さかなはさかな』の表紙

私たちは何かがうまくいかないとき、自分を他者と比較して、「自分はいったい何のために生きているのか？」とか「自分とは何か？」と考え込んでしまうこともあります。そもそも、人生は順風満帆な時より、うまくいかない時のほうが多いですから、こうした状況はいつでも、どこでも、誰にでも起こることです。

この章では、レオ・レオニ（Leo Lionni 1910-1999）と彼の作品について記します。彼の作品を読むと、彼はつねに「自分とは何か？」を問うていた作家ではないか、と感じられます。レオニといえば、『スイミー』（*Swimmy*, 1963）という作品でよく知られています。小学校の教科書で読んだことがあるという方も多いかもしれません。

レオ・レオニの仕事

レオ・レオニ[★1]はオランダ生まれの芸術家で、ユダヤ人として数々の厳しい試練を受けました。しかし、母親がオペラ歌手であったこともあり、若い時にイタリアに行き、イタリアの文学、詩、美術に精通し、また経済学を専攻し、イタリア語を自由に話せるようになりました。その後、彼は、大戦を機に迫害を逃れてアメリカに移住しました。人生後期の三〇年ほどはアメリカとイタリアを行き来して暮らし、複数のことばを操って生きた人です。

絵本の話をする前に、彼の絵本以外の仕事について少し触れておきます。彼は彫刻、絵画も

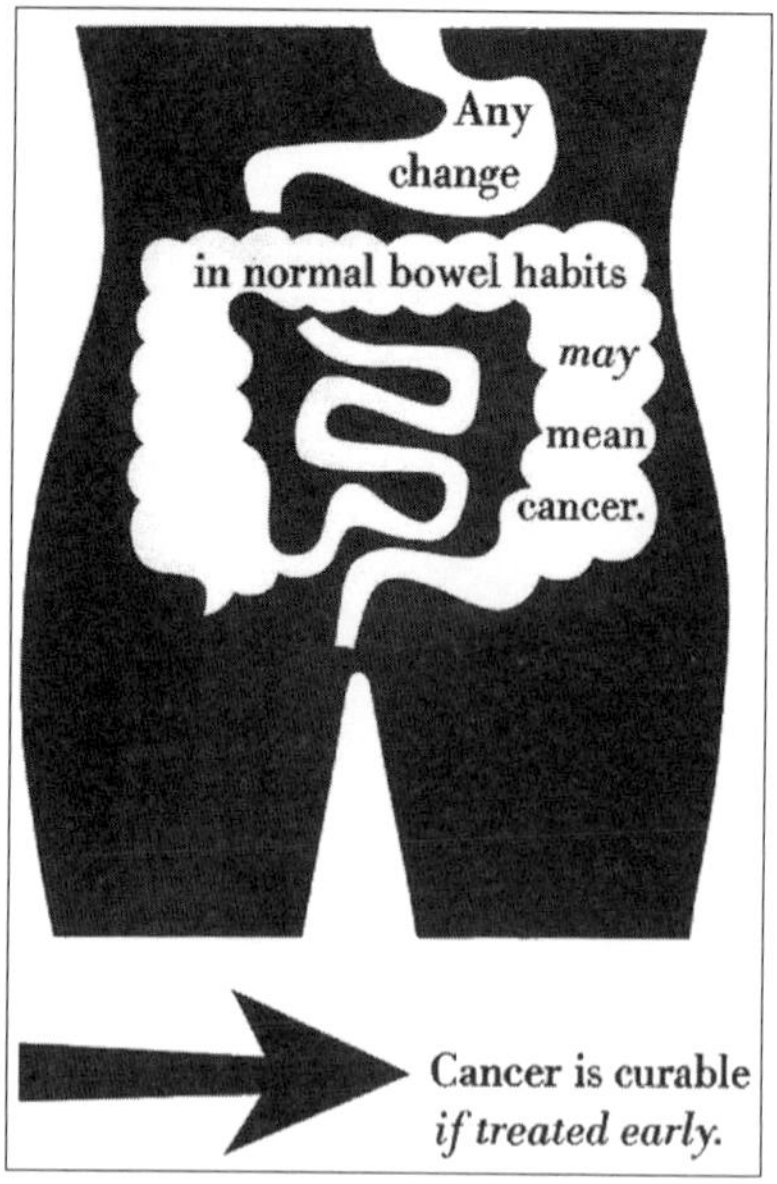

図3

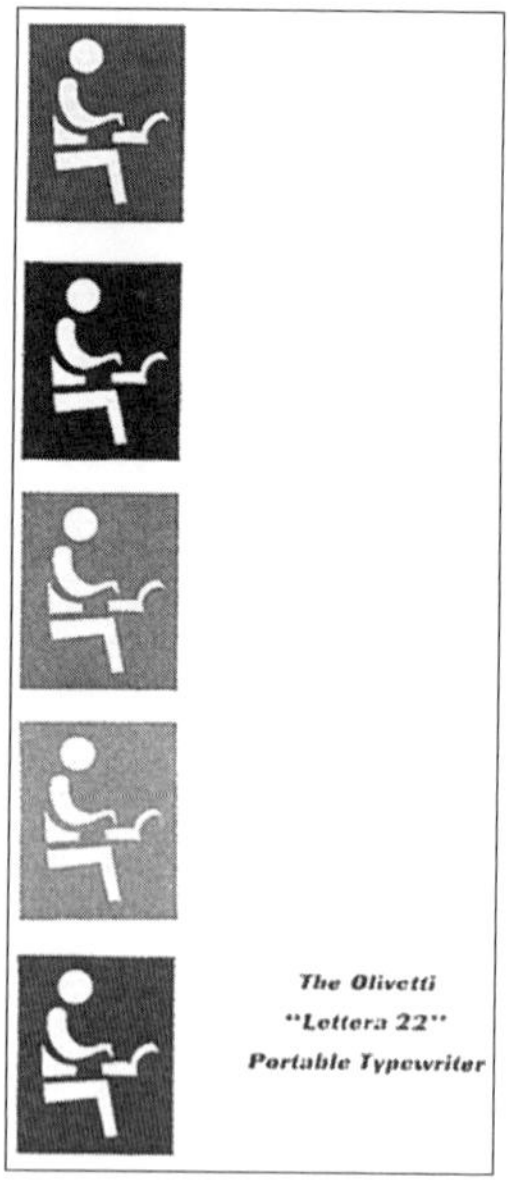

図2

数多く手がけています。図2は一九五四年のオリヴェッティ社のタイプライター（レィッテラ22）宣伝用ポスターです。図3は一九五〇年のアメリカ癌センターの医学ポスターです。このようにレオニは、多種多様な才能をもった芸術家でした。

『さかなはさかな』

それでは、レオ・レオニの絵本の世界を、彼のイラストを見ながら味わっていきましょう。興味深いことに、彼はデザイナーですから、絵本の内部に事物を計画的に配置しています。絵本『さかなは　さかな』（*Fish is Fish*, 1970）はそのことがよくわかる、大変配慮の行き届いた作品といえます。この物語はさかなとかえるの交流を描いたものです。

――ある池におたまじゃくしと小ざかなが住んでいて、二匹は仲良しでした。ところが、ある朝、おたまじゃくしに異変が起こります。二匹は同じ仲間だと思っていたのに、とうとうおたまじゃくしはかえるになってしまいます。そうすると、かえるは自慢げに「かえるはかえる、さかなはさかな　そういうことさ!」と主張します。その後、かえるは水から上がり、地上で暮らすようになります。一人ぼっちになった小ざかなも成長しますが、さびしくて仕方ありません。そんなさかなのもとに、ある日、かえるが戻ってきて、地上の生活について話して聞かせます。さかなは、「鳥」、「人間」など、見たことも聞いたことない話を聞き、すっかり興奮してしまいます。そして、かえるが地上に戻ると、さかなは自分も世の中を見たくなって、地上に飛び出してしまいます。しかし、エラ呼吸のさかなは地上で息も絶え絶えになります。うめいていると、運よく、かえるがさかなを見つけ、水に戻してくれます。さかなは、水に戻って、なんとか回復し、最後に二匹が「さかなは　さかなさ」「かえるはかえるさ」と、お互いの違いを認め合うところで、物語は終わります。

レオニは、この物語の登場者たちを絵本紙面のなかに描くにあたり、それぞれの位置、左右の配置、高低、向き、また中央に置くか端に置くかなどを工夫しています。

物語の最初の場面（図4）では、ご覧のように、両者はほぼ同じ高さ、同じくらい中央寄りに描かれています。ここでは、まだおたまじゃくしは変身する前ですから、二匹は同等で仲間な

図4　見開き1

図5　見開き2

のです。やや、さかなが優位と思われる高さに位置しています。

しかし、次の場面（図5）では、二匹のいる位置に変化が見られます。小さい足の生えたおたまじゃくしは自慢げに上を向いたまま話し、変化しないさかなは下の方に配置されています。次の場面では、両者はほぼ同じ高さにいますが、変身したかえるは少し中央寄りに描かれています。一歩先んじているのです。さかなの目も、前は丸く描いてあったのに、ここでは角ばっています。

図6　見開き4

ついに、かえるが地上に出ていく場面（図6）では、ご覧のように、右ページの上のほうに這い上り、枠の外に出ようとしています。これは絵本でよく使う手法ですが、登場者を右ページからはみ出さんばかりの端っこに描くことによって、読者は次を見たくなり、ページをめくるのです。一方、さかなは中央にいますが、下の方に沈んで顔も下を向いているようです。仲間がいなくなり、気持ちが沈んでいるので、悲しそうに描いてあります。

次は、かえるを追うように陸に上がり、息も絶え絶えの

図7　見開き12

さかなの様子です（図7）。動くこともできずに喘《あえ》いでいるのですが、このように、後ろ（左）向きに描いてあります。絵本では順調な状況は、文字の方向（左から右へ）に合わせ、登場者を右向きに描くことが多いのですが、ここでは悲惨な状況を後ろ（左）向きに描いて、順調な流れを妨げ、登場者の気持ちを伝えているのです。登場者のマイナス状態を表示することを、「マイナス・コードで描く」と呼びます。しかも、ここでは仰向けの姿勢で、地上で苦しむ様子が容易に読みとれるようになっています。目も白目をむいて、切羽詰まった状況がよく表現されています。

　さて、さかなは、かえるの援助で水に戻ります。中央から下向き、左向きに戻ることで、元いた場所に戻るということが自然に読みとれます。そして、最後は両者が互いの違いを認め合います。「さかなはさかなさ」という表現が、自分のいるべき位置を自覚していることを的確に表現しています。またここでもかえるが右向き、さかなが左向きに描いてありますが、これはマイナス（困った状況）を意味するのではなく、物語の終結を示すものです。

もう先（右方向）に進む必要はなく、左向きで終わっているのです。しかし、最初とは違い、両者はそれぞれ地上と水の中という異なる空間にいますし、かえるも水草の上に安定して座しています。

このように、レオ・レオニは、絵本の紙面の中に事物を的確に配置し、読者に物語の各場面の状況がよくわかるように描いています。事物の配置の仕方は、デザイナーとしての長年の経験と知識から身に付けたものでしょう。これは最初の絵本『あおくんときいろちゃん』（*Little Blue and Little Yellow*, 1949）で、すでに行われています。このような視点で、『あおくんときいろちゃん』を読むと、また楽しみが倍増することでしょう。

孤独なさかな

『さかなはさかな』では、おたまじゃくしが変態してかえるになり、さかなの住む世界とは違う場所（地上）に行ってしまい、さかなは一人だけ、水の中に取り残されてしまいました。自分と同じと思っていた仲間がいなくなったのです。きっと淋しかったに違いありません。そんな状況のとき、さかなは、地上のおもしろそうな様子を聞いて、憧れを抱いたのです。自分もそんな思いをしてみたいと。しかし、結果は無残でした。

こうした出来事は、物語のなかでだけ起こるのではなく、実は私たちの人生でもよく起こることです。私たちは、周りの様子に惑わされて、ときどき、自分には向いていないところに出向いて、うまく適応できずに悲しい思いをすることがあります。また自分にはできないとわかっていながら、無理をしてやってしまい、恥をかくこともあります。この絵本を読んだ読者はさかなの気持ちに共感できるのではないでしょうか。

レオニの生涯

レオニの父親はユダヤ人で、ダイヤを取り扱う仕事をしていたそうです。母親はオペラ歌手でした。ですから、彼はきっと普通の家庭とは違う環境で育ったと思われます。また、彼の生家から歩いて行けるところに、国立レェイクスミューゼアムなど、二つの大きな美術館がありました。レオニは、そこで模写をして育ったようです。また彼のおじさんが美術品の収集家で、レオニの家にもたくさんの名作が置かれていたそうです。彼の寝室の外の壁にはシャガールの絵が掛かっていたといいます。

成人して、レオニは留学先のイタリアでノラというイタリア人女性と結婚します。彼女の父親はイタリア共産党の創設者の一人で、一九二五年に、ファシストによって逮捕、投獄され、その後もファシストの警察官が同居する家に幽閉されていたそうです。三九年、ムッソリーニ率いるファシスト政権誕生にともない、ユダヤ人のレオニはアメリカに亡命を余儀なくされました。彼がイタリアに戻るのは、それから二〇年以上も経た、六二年のことです。レオニは九九年に八二歳で、イタリアのトスカーナで逝去しました。★2

このような生涯を思うとき、レオニが自分の存在をいつも問い質《ただ》していたに違いないと想像できます。人は生きるために用いる言語に影響されます。国をわたり歩き、いくつもの言語をしゃべるというのは、外から見ると格好の良いことに思えるかもしれませんが、本人は大変なストレスを感じるはずです。どの言語を用いて生きるかは、その人の人格や生き方に関わることなのです。

またユダヤ人として民族的な差別を受けたこと、平和を願いながらオランダや第二の祖国イタリアを追われ、命の危険を覚えながら生きたこともありました。彼の人生は苦難の連続であったことでしょう。デザイナーとしての名声、絵本作家として成功の裏で、レオニの味わった苦労は計り知れません。

しかし、レオニは辛抱強く生きました。イタリアで経済学を修めた後、アメリカに亡命をし、デザインの仕事で身を立てて家族を支え、戦後はイタリアに戻り、自分の生き方を、ことばとイラストで表現したのです。移住、亡命のすえ、またユダヤ人として、おそらくいつも「自分とは何か?」を問い、問われる人生であったに違いありません。詩人の思いを描いた『フレデリック』(*Frederick*, 1967)、孤独な魂の声が聞こえてくる『アレクサンダとぜんまいねずみ』

(*Alexander and the Wind-up Mouse*, 1969)、個性を重んじて生きていくことを願って描いた『じぶんだけのいろ』(*A Color of His Own*, 1975) などの作品のなかに、私たちはレオニが孤独と闘った軌跡を読み取ることができます。

私たちは自分を知るためには長い旅をしなければならないかもしれません。そういう意味では、人生は、はじめから終わりまで「自分を探す旅」といえるでしょう。しかし、レオニの作品をとおして教えられることは、人はありのままを感謝し、異(多)文化の違いを尊びながら、ともに生きることが大切であるということです。そうした謙虚さと感謝を、いつも心にもっていたいものです。『さかなはさかな』は、ユダヤ人であったレオニが、「自分とは何か」を問い、語ったものと思われます。人はそれぞれの違いを知り、その違いを認めて合ってともに生きていくべきと語っているようです。

注

★1　一九一〇年オランダ生まれ。一九三九年に渡米。四五年にアメリカ国籍を取得。デザイナーの仕事の後、子どもの本の仕事を始め、五九年にユニークな色彩と形態で物語を表現した『あおくんときいろちゃん』を発表。六三年に『スイミー』を出版、六七年には『フレデリック』を描いて、詩人（芸術家）の姿をユーモラスに感動的に表現。コラージュを用いた独特の表現で多くの絵本を制作した。

★2　レオニの経歴については、以下の自伝に詳しい記述がある。Leo Lionni, *Between Worlds: The Autobiography of Leo Lionni*, Alfred a Knopf, 1997.

第9章　想像力を刺激する
——エリック・カールのしかけ絵本

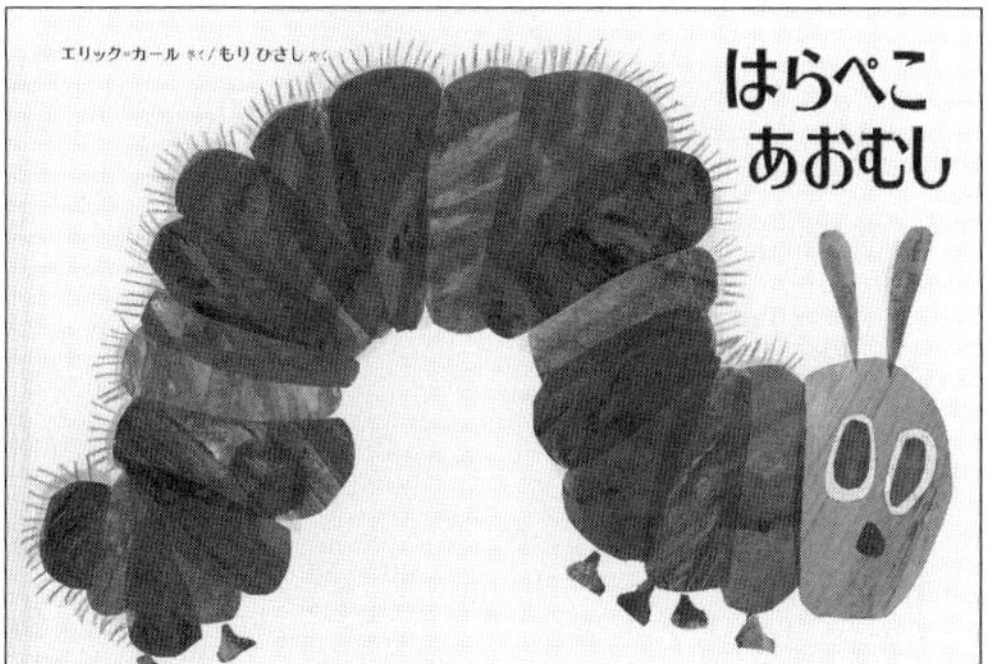

『はらぺこあおむし』の表紙

しかけ絵本の達人といえば、誰もがすぐに思い浮かべるのは、『はらぺこあおむし』(*The Very Hungry Caterpillar*, 1969)の作者、アメリカのエリック・カール(Eric Carle 1929-)です。現在、『はらぺこあおむし』は、世界中で六〇ちかくの言語に翻訳され、何百万人もの子どもたちの心をつかんでいます。その売上冊数は、なんと三千万部以上になるそうです。一冊の絵本がこれほど愛され、読み継がれているというからには、この絵本に何か特別な魅力があるに違いありません。そこでこの章は、カールの絵本作りの秘密、子どもたちに対する信念について記してみます。★1

生い立ち

エリック・カールは、アメリカ、ニューヨーク州中部の都市、シラキュースに生まれました。両親はドイツ人です。カールが六歳のとき母親がホームシックになってしまい、カールは両親とともに、ドイツに移住します。彼はそのままドイツで育ち、ドイツの学校で教育を受け、シュッツトガルトの名門芸術学校(Akademie der bildenden Künste)を卒業しました。

しかしカールは、つねにアメリカ(彼の幼い頃の、もっとも幸せな記憶に残る土地)に戻ることを願っていたようです。そこで、第二次世界大戦が終わり、世界の状勢が落ち着くと、一九五二年、ポケットに一枚の大事な写真と四〇ドルを携えて、ニューヨークに戻りました。

まもなく、彼はニューヨーク・タイムズ社の販売促進課でグラフィック・デザイナーとしての仕事を得ます。その後、広告部門のアート・ディレクターとなり、以降長い年月、この会社に勤務しました。今日、絵本作りの名手といわれるカールの手法の背景には、こうしたグラフィック、またアート・デザイナーとしての経験、つまり画面構成、人を惹きつける色彩の使い方に対する厳しい修練があったのです。

絵本作家誕生の経緯とデビュー作

さて、そのような経歴をもつカールに、ある日、作家のビル・マーチン・ジュニアが電話をかけてきました。カールはマーチンを教育者として知っており、尊敬していた、と書いていますが、そのマーチンが自分の書いた物語に絵をつけてくれるように依頼してきたのです。当時、この作家は、カールが会社広告のために創り出した赤いロブスターの絵に惹かれていたのでした。こうして、二人は協力し、一九六七年『くまさん くまさん なにみてるの?』(*Brown Bear, Brown Bear, What Do You See?*)という作品が出来上がります。ここに絵本作家エリック・カールが誕生したのです。この絵本は、作品の出来からいえば、まだ稚拙なもので、複雑なしかけなどもありません。いわゆる知育絵本といえるものです。内容は、初めの見開きページの左ページの左上に、

くまさん　くまさん、
ちゃいろい　くまさん、
なに　みてるの?

という問いかけの文章があり、見開きページに熊が一匹横向きに歩いている姿が描いてあります。そして、右ページの右上に、

あかい　とりを
みているの。

という答の文章があり、読者はその「あかいとり」とはいったいどんな鳥なのだろうと思って、ページを開きたくなります。そして、ページをめくると、次の見開きページに赤い鳥が現れるという構成です。★2 同じような問いかけをして、同じように答え、ページをめくるごとに、次々に他の種類の動物が登場してきます。

「**きいろい**　あひる」の後に、「**あおい**　うま」、「**みどりいろの**　かえる」、「**むらさきいろの**　ねこ」、「**しろい**　いぬ」、「**くろい**　ひつじ」、「**きんいろの**　きんぎょ」と続き、最後は、

あのね、おかあさんを
みているの。

となっています。

今では古典的ともいえる絵本で、テキストも単純な繰り返しですが、単語に音韻が踏んであり、律動的でリズミカルな流れを生み出しています。各ページをめくると、幼い読者は、大胆に単純にわかりやすく描かれた動物を発見してうれしくなるはずです。大人読者に読んでもらっている子どもは、このようなパターンを体験し、認識していくことによって、「読書」のおもしろさに気づきます。そしてさらに内容の深い本を読むことに興味をもつのです。また大人と一緒に読んでいるとき、登場する動物たちが、どんな声で鳴くの？　どんなところに住んでいるの？など、質問を発し、大人に答えてもらって、世の中のさまざまなものを覚えていくのです。これが絵本を大人と子どもが一緒に読む楽しさです。

作家ビル・マーチン・ジュニアと画家エリック・カールには、絵本をとおして子どもを育てるという意図がありました。ですから、カラフルな色の名称、動物の名称、数え方など、覚えることに関心をもった子どもに必要な要素が書（描）かれているのです。またこの絵本を読んだあと、親子で塗り絵を作ったり、ペープサートにしたりして楽しむなど、発展性のある遊びにつなげることも可能です。そういう意味で、この作品はエリックの絵本作りの萌芽とも思える要素が随所に見える作品です。事実、この作り方はシリーズになり、やがて手を替え品を替えての、名作しかけ絵本が誕生したのです。

ところで興味深いことには、この絵本は、英語版と日本語版を比べると、文章にも絵にも書き換えがあることがわかります。英語版の「I see children」という部分には、日本語では「だいすきな　こどもたち」と、原文にはない「だいすきな」という形容詞が追加されています。

図１　先生

図２　おかあさん

そして、英語版の「teacher」（先生）は、日本語版では「おかあさん」となっています。カールのブログによると、日本語版を作る前、初期の段階ですでに何度か変更があったようです。当初は学校や図書館に入れることを意図して作られたのですが、後に書店でも販売するようになったということが記されています。おもしろいことに、絵を見ると、英語版の「teacher」はめがねをかけていますが、日本語版の「おかあさん」はめがねをかけていません。カールの絵本作りも、初期のころは試行錯誤で、苦労していたことがうかがえます。

なお、英語版にはさまざまな大きさの版があり、教材としてCDの付いたものもあります。そして、英語教材としても販売されています。

制作の過程

エリック・カールは、これまでに八〇冊以上の本を描き、その多くがベストセラーとなっています。そしてそのほとんどは文章も彼が書いています。現在までに、彼の本は世界中でなんと九〇〇〇万部以上も売れているそうですが、こうしたベスト・セラーの作品はどのようにして作られているのでしょうか。じつは彼自身が興味深い制作の過程を、彼のオフィシャル・サイトで公開してくれていますので、少し紹介してみましょう。

以下のように、エリック・カールの公式ウェブ・サイトに、彼の作品のコラージュに使用す

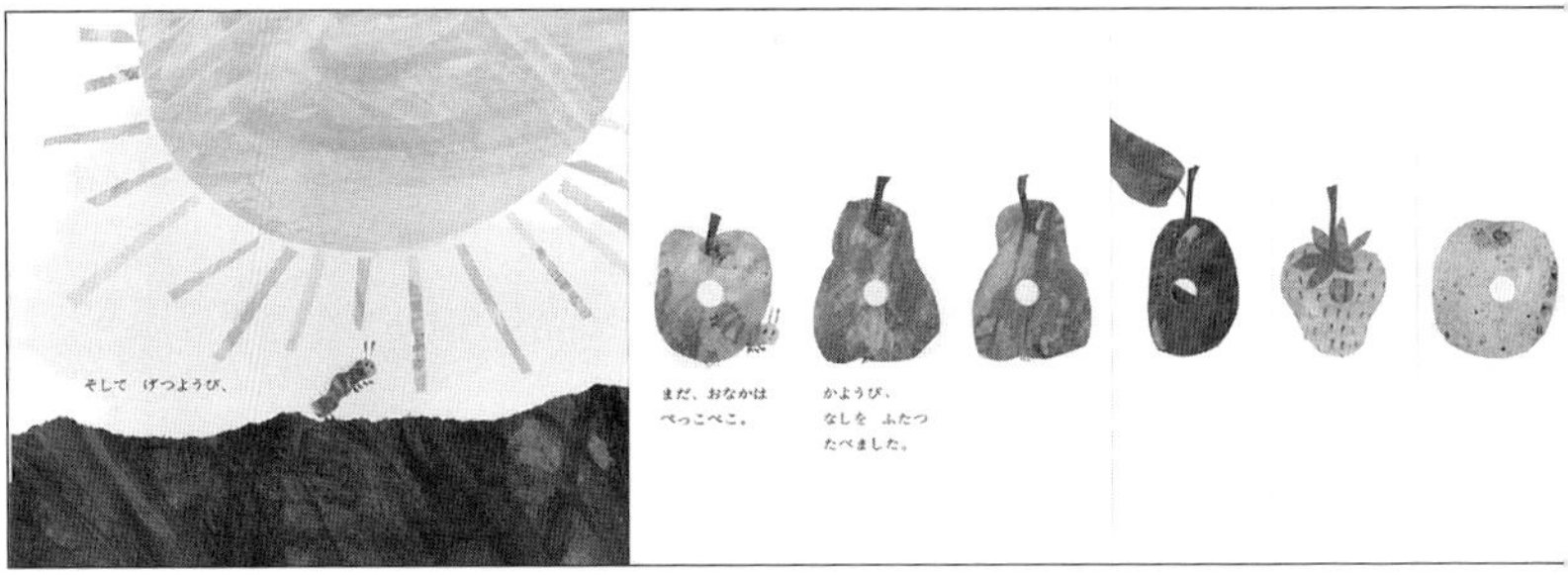

図3『はらぺこあおむし』見開き4

る紙片の作り方が紹介されています（My Photo Albums: My Studio）。カールは作品の材料となる紙片を常時たくさん用意しておき（「私は、真っ白な紙にアクリル絵の具で色を塗って色紙を作っています。」）、実際に絵本を制作する際に、その紙片を切り取って、並べて貼り付けていくのです。まさにコラージュの手法です。こうした紙片が、大きな引き出しに平らにして置いてあるそうです。また、彼のスタジオの引き出しの上の棚には、収集した芸術に関する本や、動物や昆虫に関する本がところ狭しと置いてあります。そして、彼は作品を作る際に、これらの資料を参照しながら、形や動きを意識して生き生きとした動物などを作っていくのです。

しかけ絵本の数々

彼の絵本には、立体的ともいうべき、さまざまなしかけを施したものがあります。たとえば、代表作『はらぺこあおむし』は、各ページの幅を変え、しかも重ねて見せるという奇抜な着想で展開しています（図3）。さらに絵本の紙面に、あおむしが食べた後

図4『ゆめのゆき』原書表紙。セロハンのカバーをめくると，雪が消える

の穴を実際に開ける、というユニークなしかけで人々を驚かせました。また、カールは音の出る絵本、光ったり、点滅したりする絵本なども手がけています。たとえば『だんまりこおろぎ――虫の音がきこえる本』（*The Very Quiet Cricket*, 1990）では、裏表紙にコンピューターチップと電池が仕込んであって、そこを開いていると、コオロギの鳴くような音が聞こえます。その音も、形や色と同じように、絵本に遊びの要素を加えています。一方、『さびしがりやのほたる』（*The Very Lonely Firefly*, 1995）では、紙面に開けた穴から光が見えるという抜群のアイデアで、子どもの本に新しい楽しみを与えているといえます。

なかでも、『ゆめのゆき』（*Dream Snow*, 2000）は大変しかけの凝った作品です。ある農夫の日常の様子が淡々と語られますが、ある雪の日に農夫は不思議な夢を見ます。その後、クリスマスが暗示され、最後に聖なる日を祝うしかけが披露されます。作品は、やや厚めの用紙を使用し、紙面に小さな穴を開けたり、銀色の紙を貼り付けたり、さらに紙面の上にセロハンをかけ、紙面に塗られた同色のものを隠したり、という凝った企みがなされています。また、セロハンに塗られた白い色は雪を表しており、セロハンを乗せると、下に描かれたものが雪に覆われるというしくみです。こうしたしかけは、おそらくカールが長年温めたアイデアを活かしたものであろうと思われます。

こうして、カールは、絵本をただ見て読むだけのものから、音を聞いたり、手で触って遊んだりできるもの、すなわち、複数の感覚を刺激するものに仕上げているのです。

戦争体験と絵本作り

先に書いたように、カールは幼少期をドイツですごしています。第二次世界大戦が始まったのは一〇歳のときでした。彼が少年時代にどんなにたくさん辛いことを経験したか、容易に想像できます。二二歳でアメリカに帰るまで、戦後のドイツでどんな青春時代を過ごしたのでしょうか。

カール自身は、さまざまな資料に、自分は学校（環境）に恵まれ、良い先生（教育）に出会い、将来美術に関わることになる良い教え（指導）を受けたと記しています。一方、彼は以下のようにも述べています。

私は自分の本を使って、家庭と学校の間の溝を埋める橋をかけようと努力しています。私にとって、家はあたたかさ、安心、手を取り合うところです。……初めて学校に上がる子どもにとって、学校は見慣れない、新しい場所なのです。……新しい先生や同級生がいて、彼らは親しみやすいでしょうか？　私は、家から学校への移行は、幼児期で二番目に大きい精神的試練になり得ると思っています。（最初の試練は、もちろん、生まれることです。）実際に、両方のケースで、私たちはあたたかさと保護の場所から離れるのです。学校は見知らぬ場所であり、そこは、しばしば恐れをもたらすことがあるのです。ですから、私は自分の本で、この恐れを取り除いてあげようと思っています。そして、その恐れを前向きなメッセージと入れ替えてあげたいと願っているのです。……私は、子どもというものは、創造的で学びたがっているのが自然だと思っています。私は、学ぶことが本当に魅力的で、楽しいことであると、彼らに示したいのです。

これらの文章を読むと、彼の絵本が子どもを歓ばせる理由は、彼のアーティストとしての力量だけにあるのではないということがわかります。

エリック・カールは、絵とことばを巧みに調和させ、美しく、楽しく、またユーモアあふれる作品を作り出しました。その作品の背景には、ドイツでの、また戦争で味わった経験が込められているのです。そこから、つねに子どもを取り巻く環境や生活を思いやって、子どもの幸せを願って制作しているのです。カールは、子どもたちの創造力、子どもたちの知的成長、子どもたちの好奇心の旺盛さに対して、刺激的で長続きする経験を与えようと、子どもたちに気遣っているのです。

★注

★1 第9章は、最も精確な情報として、エリック・カール自身の作成している公式ウェブサイト（The Official Eric Carle Web Site）を参照させていただいたことをお断りしておきます。http://www.eric-carle.com/

★2 なお、日本語訳は「偕成社編集部」となっていますが、英語と日本語では、その文章が少し異なっています。たとえば、この一連の問と答のやり取りの後半の部分は、直訳すれば、「ぼくは、ぼくを見ている赤い色の鳥を見ているのさ」くらいの意味でしょうが、翻訳版では、(which is) looking at me.「ぼくを見ている」の部分は割愛されています。

第10章　コールデコットをめざした画家
——絵で物語るモーリス・センダック

『かいじゅうたちのいるところ』の表紙

先年、八三歳で亡くなったアメリカのモーリス・センダック（Maurice B. Sendak, 1928–2012）は、二〇世紀の最も偉大な絵本作家といわれました。彼の代表作『かいじゅうたちのいるところ』（*Where the Wild Things Are*）★1は、一九六三年に出版されて以来、世界中で一九〇〇万部を売り上げています。この作品は、一九六四年にコールデコット賞を受賞し、その後、彼は一九七〇年に、それまでの全業績を讃えられ、国際アンデルセン画家賞を受賞しています。

図1　『かいじゅうたちのいるところ』見開き1右

ところで、『かいじゅうたちのいるところ』は奇妙な本です。出てくるのは醜いかいじゅうですし、主人公の男の子もかわいいとはいえない「悪い子」です（図1）。そもそも、彼の描いた作品の登場者たちは、どれも決して格好よくはありません。彼以前の作家たちの描いたような、好ましい、美しい、かわいらしい主人公たちとはまったく違うものだったのです。当然ながら、彼の作品は教育者たちには批判され、図書館員には子どもに悪影響を与えると嫌われました。にもかかわらず、彼の作品が多くの読者に愛され、よく売れたのはなぜでしょうか。

生い立ちと絵本作家になるまで

センダックはニューヨーク州ブルックリンに生まれました。両親はポーランドからのユダヤ系移民でした。彼は自分の子ども時代を「ひどい境遇（terrible situation）」であったと述べています。また、彼は子どものころ病弱で、ベッドで過ごすことが多く、母親のいる台所が遊び場所だったそうです。こうした幼児体験は彼の絵本の随所に見受けられます。また、病気がちな生活の中、彼はごく小さい時から本に関心をもつようになったのでした。そして一二歳の時、彼はディズニー映画を見て、自分もイラストレーターになりたいと思うようになりました。こうして、彼は絵を描き、本やおもちゃを作ったりして、少年時代をすごしたのでした。

高校を卒業すると、彼はニューヨーク市の有名な玩具店（F. A. O. Schwarz）の展示用窓を飾る仕事をしました。一方で、アート・スチューデンツ・リーグ夜間部に通ってデザインを学んでいました。そんな折、ある編集者が、センダックの描いた、町の子どもたちのスケッチに目をとめ、センダックにイラストレーターとしての仕事をするよう奨めたのです。この人こそ、その後、彼に的確なアドバイスをして、偉大な画家に育て上げたアーシュラ・ノードストロム[★2]でした。ノードストロムは、センダックの母親といえるくらいの歳の女性で、寒い日には、若い芸術家が忘れずにセーターを着るようにと注意をうながすような、面倒見のいい女性でした。彼女がセンダックに初めて会ったとき、彼はまだ二二歳の若者でした。ノードストロムは、当時のセンダックは内気ですが断固とした性格の青年だったと語っています。

センダックは一九世紀イギリスの古典絵本や二〇世紀スイスの絵本に興味をもち、一方、ノードストロムはセンダックが、いろいろな種類の物語のイラストを描けるように原作を選びました。たとえば、R・クラウスの滑稽な『あなはほるもの　おっこちるとこ』(*A Hole is to Dig*, 1952)、E・H・ミナリックの優しい物語『こぐまのくまくん』(*Little Bear*, 1957)、アンデルセンの、とりわけ古典的なフェアリーテールを描くように奨めました。彼女はまた、センダックに自分自身の創作の物語を書くように奨めました。そしてその初めの作品が『ケニーのまど』(*Kenny's Window*, 1956)でした。

作家修業時代

センダックは意欲的に過去の子どもの本を研究しました。彼の目指すところは英国のR・コールデコットの作品でした。いつの日か、もっとも敬愛する画家コールデコットの絵本に匹敵するような絵本を創作することを願っていたのです。センダックによれば、コールデコットの絵本では、「ことばと絵は、単にストーリーを語っているだけではありません。ことばと絵が協力してその物語を生き生きと表現している」[3]のです。コールデコットはことばの響きとライム（韻をふむこと）を好んでいました。劇的な場面を表現するのに、彼は時に一ページにたった一つのことばだけで表現したりしました。コールデコットのように描けば、たった一つのことばでも、イラストレーションと相まって見事に表現できるはずでした。

一九五五年、センダックはコールデコット風の絵本を作るため、ダミー絵本（これから作る絵本の模型）を作りました。それはすぐには形になりませんでしたが、後でもっと考え直そうと、そのアイデアを寝かせておきました。彼は制作過程で、その作品に『野生の馬のいるところ（*Where the Wild Horses Are*）』というタイトルをつけていたそうです。

センダックがその作品にもどったのは、それから七年以上もたってからでした。その間、彼は二〇冊以上の作品にイラストレーションを描きました。また彼自身が数冊の物語を書き、作家として、画家として称賛されるようになっていました。それでも、彼はまだコールデコット流の絵本を創作するにはいたっていませんでした。そしてついに、一九六三年の初頭、もう一度、あの未完成の作品に取り組んでみようと思い立ったのです。彼はノートを持ち歩き、数日ごとに、その物語の新しい版を書くことから始めました。

最初の『かいじゅうたちのいるところ』誕生

センダックの最初の案では、この作品は主人公の少年が何かを求めて、あるいは、どこか遠く離れたところの、神秘的な、また荒々しい誰かを探すファンタジーになるはずでした。一晩の悪夢のような幻想の物語で、少年が、見知らぬものに（それは母親であるといわれるのですが）出会う物語だったのです。

図2　いたずらを始めるマックスのスケッチ（*Marcus*, p. 23）。図1と比べてみよう

物語は、長く、ゆっくりしたペースで進む必要がありました。センダックはまたもやこの物語を置きっぱなしにします。「うっちゃっとけ！」と、彼はこのノートの下のところに書き記したといいます。「ひどい話だ！」しかし四日後、彼はまた書き直します。彼は行き詰まった、と感じたときには、こうした問題の解決の仕方を知っている編集者ノードストロムに相談しました。そしてこの編集者は、芸術家を勇気づけて書き続けさせる術を、いつでも、よく心得ていたのです。

五月一〇日、センダックは『かいじゅうたちのいるところ』という新しい題を思いつきました。物語を書き続けて

図3　『かいじゅうたちのいるところ』見開き12

いる間に、彼は同時に、この作品のために描かれるであろう、その絵を心の中に視覚化していきました。「僕は一枚のイラストレーションが非常にはっきりするまで、頭の中で構築し、さらに再構築することができる。一枚のポラロイド写真のように」と、センダックは述べています。各イラストレーションが彼のなかで明確になれば、長いテキストでその部分を表現する必要はないのです。たとえば、青々と茂ったジャングルはその木や葉を描けばいいのです。イラストレーションで示すことができれば、ことばで再度述べる必要はないのです。センダックは、マックスの冒険のただ中の「浮かれ騒ぎ」(図2)を描く際、それにふさわしいことばを繰り返し考えたあげく、ついに「絵はそれだけで、物語のその部分を語り得る」ということに気づきました。この手法こそ、コールデコットの手法だったのです。

センダックはスケッチに、かなりの時間をかけました。

1しゅうかん　すぎ、2しゅうかん　すぎ、
ひとつき　ふたつき　ひが　たって、
1ねんと　1にち　こうかいすると、

図4　『かいじゅうたちのいるところ』の見開き17

イラストの構築に取りかかるのは、その後です。「一冊の絵本のために、紙面にスケッチとして最初の絵を描く瞬間に、頭の中にあるイメージは消え去ります。だから、まさに描くにふさわしい瞬間に、強いはっきりしたビジョンをもって描き出すことがとても大切なのです」。

センダックが第二番目のダミー絵本を制作したとき、その小型絵本は『かいじゅうたちのいるところ』という題がつけられ、いま私たちが知っている最終版に近いものでした。そのときまでに、センダックは、マックスの感情がことばを締め出し、浮かれ騒ぎにいたるまでの各イラストレーションが、どんどん大きくなるようにすると決めていました。

一方、物語の後半で、マックスが家に船で帰るときには、各イラストレーションはだんだん小さくなり、そしてことばが再び回復されていきます（図4）。——すなわち、少年が浮かれ騒ぎでストレスを発散し、やがて心穏やかになったとき、自分が母親に深く愛されていることがわかります。そしてそのとき初めて、きちんと考えることができる、つまり、ことばでものごとを考えることができるようになったのです。

制作中のある日、センダックがある友人と訪ねたとき、その友人の息子が寝るときに着ていたレオパード風のパジャマが、マックスのオオカミ風パジャマを思いつかせました。初期のスケッチでは、マックスとかいじゅうたちは、内気でひ弱に見えます。最終版のイラストレーションでは、彼らはともに堂々とし、自信をそなえています。

編集者のアドバイスと出版後の読者の反応

編集者のノードストロムは、センダックと同じように完璧を目指す人でした。彼らは、絵本が印刷される直前まで、テキストを仕上げることに心を配り、ときに言い合いになりました。ノードストロムはまた、たいへん説得力のある人でした。決定にセンダックが納得しない時は、「この作品をすばらしい、永遠性をもつ、完全な絵本に仕上げること……、いくつかの最終的な問題を、しっかり心にとめて完成してね」と慰め、励ましました。★4

『かいじゅうたちのいるところ』は一九六三年一〇月に出版されました。センダックは、人が――特に大人が――彼のこの変な物語をどう思うだろうと気がかりでした。彼は「『かいじゅうたち』は問題となる本であったことは間違いないね」と述懐しています。そして彼の不安は当たりました。先に述べたように、歯を剝《む》き出しにした怪物や、夕食抜きで寝室に子どもを閉じ込める母親は、子どもを怖がらせるであろうと疑問視する評論家がいました。また母親に腹を立てる子どもを描いた本は、子どもに余計な観念を植えつけると懸念する批評家もいました。

にもかかわらず、センダックはこの奇妙な作品を発表しました。というのも、彼は、子どもは空想することによって、恐れや怯《おび》えから解放されるということを熟知しており、作品をとおして、子どもの苦痛を取り除いてやりたいと願っていたからです。そのことは、彼の、以下のことばからも理解できます。

……現実とは、彼ら〔子どもたち〕が恐怖、怒り、憎しみ、欲求不満などの感情に常に脅かされているということにほかなりません。こうした感情はどれも子どもの日常生活に普通に見られるものですが、彼らはそれを制御できない危険な力として味わうほかないのです。そうした力をなんとか飼い慣らしていくために、子どもたちは空想《ファンタジー》に向かいます。そしてその想像の世界の中で、子どもたちを悩ましている感情は次第にほどけ、満足が得られるのです。私の本の主人公マックスは、空想《ファンタジー》によって母親への怒りを解消し、眠くなり、おなかをすかせ、自分自身と和解して現実世界にもどってきます。

もちろん私たちは、子どもたちの情緒的理解能力を超える経験、不安を強めるような新しい苦痛を伴う経験から、子どもたちを護りたいと願っています。〔……〕彼らは常に全力を尽くして欲求不満と戦っている〔……〕そして、子どもたちがそれらから解放されるのは、空想《ファンタジー》によってなのです。それは「かいじゅうたち」を飼い慣らすために彼らが持っている最上の手段です。★5

もちろん、この本を子ども読者にとってすばらしい大胆な本になるとほめてくれる批評家もいました。こうして、二〇世紀最高の作品が世に出て、受け入れられたのでした。

受賞後、他分野へ世界が広がる

コールデコット賞の受賞は、この芸術家にとって「すべてを意味する」ことでした。この賞を取ってから本がよく売れるようになり、また、そのことによって年間四〜五冊もの絵本のイラストを描く必要がなくなったのです。センダックは「受賞によって生活がずっと楽になりました。それに自分が描きたい絵本を描き続ける力を与えられました」と記しています。

賞を得ることはまた、センダックを本の分野以外の世界へも導くものでした。作曲家たちが彼のところにやってきて、『かいじゅうたち』を音楽と組み合わせて公演することを願い出ました。そして、センダックによって書かれた台本（歌詞）とともに、この絵本にもとづいたオペラが上演され、続いてバレエも行われました。また二〇〇九年には映画化もされました。

さらに、マックスとかいじゅうたちの布製の人形も作られました。登場者たちはたくさんのポスターに現れ、他にも、センダックによってデザインされたイメージがたくさんあります。★6

『かいじゅうたち』が出版されてまもなく、モーリス・センダックは、元気な七歳の子どもから一通の手紙を受け取りました。「かいじゅうたちのいるところへ行くには、どのくらいお金がかかるの。もし高くなかったら、姉さんとぼくは、そこで夏をすごしたいんですが……。すぐ返事をください」。コールデコット賞受賞の演説で、センダックはこの手紙を引用して、述べています。「この質問には答えなかった。というのも、間違いなく、遅かれ早かれ、彼らはお金のかからない自分自身の道を見つけるでしょうから」。

センダックの作品が好まれる理由

センダックの作品の背景には、いくつかの重要な要素があったといえます。一つは、彼の生まれと幼少時代の経験です。彼はユダヤ人であり、大戦時の恐ろしい経験は、彼の作品に大きな影響を与えました。たとえば、第二次世界大戦中に、ナチスによるユダヤ人の大虐殺がありましたが、ヨーロッパにいた彼の血縁者たちもナチの強制収容所で死に追いやられ、彼自身も幼い時から死や死を免れない運命にあるという恐怖感に苛まれたと述べています。

また、名編集者ノードストロムとの出会いは、彼にとって幸いな出来事でした。彼女のアドバイスや導きがなければ、センダックの名作は誕生しなかったといえるでしょう。

もう一点、彼の絵本を論じるに非常に重要な点は、彼の紡ぎ出した登場者の特質です。彼は、幼いころからニューヨークのブルックリンで育ち、病気で伏せった部屋の窓から、路上で遊んでいる自分と同じような境遇のともだちをしっかり観察し、スケッチしました。彼は自分の等身大の仲間を、自分の絵本のキャラクターにしたのでした。そのことが、彼の絵本を読む子どもたちの心をとらえたのです。彼の描いた主人公は決して世界の中心にいる者ではなく、社会の片隅に追いやられ、文明の発展の陰で苦しむかいぶつと、子どもたちでした。しかし、等身大でリアルに活き活きと描かれた登場者たちには、だれもが自分を投影し、共感できるのです。

厳しい時代に行きながら、すばらしいすぐれた作品を残し、天国に旅立ったセンダックに心から感謝したいと思います。

注

★1　主人公の少年マックスが繰り広げる冒険は世界中の子どもと大人を魅了した。その他の代表作は、『まよなかのだいどころ』(*In the Night Kitchen*, 1970)、『まどのそとのそのまたむこう』(*Outside Over There*, 1981) など。

★2　Ursula Nordstrom 1910–88．ニューヨークのハーパー社児童書編集部で、一九四〇～七三年まで児童書の編集をした名編集者。ノードストロムはマーガレット・ワイズ・ブラウン（Margaret Wise Brown 1910–52）、ガース・ウイリアムズ（Garth Williams 1912–96）など、多くの作家や画家を発掘し、彼らの才能を伸ばし、数々の名作を世に送り出した。

★3　本稿は、以下の書物を参考に執筆した。センダックのスケッチの引用も同書による。感謝して、ここに記す。Leonard S. Marcus, *A Caldecott Celebration: Seven Artists and Their Paths to the Caldecott Medal*, New York: Walker & Company, 2008, p. 19–25.

★4　センダックは先が予想もできないという点で、本作りを、たくさんの素材を入れて、混ぜ合わせてスープを作ること、と比べている。ストーリーが変わるにつれて、野生の馬は野生の動物に、さらに野生の獣に、そして最後にかいじゅうたちになった。センダックは、馬はもう描かないと見切りをつけた。すなわち彼の考えた登場者たちを「かいじゅうたち」と呼ぶことで、自由に彼自身の想像上のいきものを創り出すことに成功したのである。

★5　Maurice Sendak, *Caldecott and Co.: Notes on Books and Pictures*, Michael di Capua Books, New York: Farrar, Straus and Giroux, 1988. p. 151（『センダックの絵本論』モーリス・センダック著、脇明子・島多代訳、岩波書店、一九九〇年、一六〇ページ）.

★6　サウス・カロナイナ州のリッチモンド・カウンティ公共図書館の子ども部屋には、『かいじゅうたちのいるところ』を元にした、一四メートルほどにもなる壁画があるという。この部屋は子どもたちの遊び場として一九九三年に設置されたが、この壁画は、センダックの関わる舞台や道具デザインの責任担当者であるミカエル・ハーゲンによって描かれている。

コラムⅡ

自然を愛し、守った女性――ビアトリス・ポターの生涯

『ピーターラビットのおはなし』は、腕白な子ウサギが母親のいいつけを守らず、畑に行って危うく捕えられそうになり、命からがら逃げ帰る物語です。この絵本の作者は英国のビアトリクス・ポター（Beatrix Potter 1866–1943）です。彼女は生涯、自然を愛した画家として知られています。とりわけ彼女が愛したのが湖水地方であり、最初に住んだ家が、その地にあるニア・ソーリー村のヒルトップ農場でした。この家は現在、ナショナル・トラストによって維持、管理され、公開されています。ところで、ポターとナショナル・トラストには深いつながりがあります。

ナショナル・トラストは一八九五年、牧師であり詩人でもあったハードウィック・ローンズリーらによって創設されました。英国では一八世紀後半から産業革命が始まり、自然や歴史的環境は破壊されていきました。そこ

で、一九世紀半ばごろには、自然を守り、美しい田園風景で心を癒し、心安らかにすごせるようにすべきという声が叫ばれるようになっていたのです。こうして、提言者たちの呼びかけは人々の心を動かし、ナショナル・トラストが生まれました。以来一二〇年近く経った今も、その精神は受け継がれています。

ローンズリー牧師との出会い

ビアトリクスの父ルパート・ポターは法廷弁護士でしたが、芸術と絵画に関心をもち、展覧会や美術館に定期的に足を運ぶ人でした。またポター家は、夏は避暑地ですごすのが恒例でしたが、ルパートは避暑地ではつねに政治や宗教、絵画や文学を論じ合う友人に囲まれていたといいます。その常連客の一人に、牧師で三十代初めのローンズリーがいたのです。彼はオックスフォード大学時代には美術評論家のジョン・ラスキンに傾倒し、その影響で、湖水地方の自然を深く愛するようになっていました。ビアトリクスが彼に出会ったのは一八八二年、彼女が一六歳、彼が三一歳の時でした。当時、彼はナショナル・トラストの前身の組織を作る準備をしていました。

ローンズリーはポター家を頻繁に訪れ、ある時はビアトリクスと地質学などについて論じ合い、ある時は彼女と弟バートラムを外に連れ出し、森や湖ですごしました。こうして彼は、自然に対する自分の信念をビアトリクスに説いたのです。ビアトリクスは、彼に出会い、自然を守ることの大切さを教えられたのでした。

やがて、ビアトリクスは、元家庭教師の息子ノエルが病気であることを知り、励まそうと送った絵手紙をもとに、小さな絵本を作ることになりました。この絵本を見たローンズリーは、出版を奨め、ビアトリクスも出版を望むようになりました。幾多の試みの末、一九〇一年に世に出た『ピーターラビットのおはなし』は人気を呼び、翌年フレデリック・ウォーン仕から出版されました。

ビアトリクスと牧場経営

ビアトリクスが三八歳の時、フレデリッィク・ウォーン社の編集者ノーマン・ウォーンとの友情が深まり、やがて婚約、二人は結婚を予定していました。ところがノーマンが白血病のため急逝し、別れを余儀なくされたのです。悲しみのなか、ビアトリクスは湖水地方に土地と建物を購入し、また農場経営に関わることで悲しみを癒《いや》しました。やがて彼女は農場を拡張しますが、産業の開発は湖水地方にも及んできて、工業製品が使用されるにいたって、羊毛の値段が暴落しました。そこでビアトリクスは農場主として、これまで以上に牧場経営に打ち込みました。都会育ちの上品な女性は、やがて、農場で働くたくましい女性に変わっていったのです。彼女は農場生活にさらに魅力を感じるようになり、動物や土地・建物は、物語の素材やモデルに使用されるようになったのでした。

ビアトリクスは土地や牧場を購入する際、四〇歳前半の弁護士ウィリアム・ヒーリスに売買の交渉を依頼しました。彼も湖水地方を愛する人であり、ビアトリクスは法律上の処理、動産の改造などでウィリアムの力を借りました。やがて、二人は友情と愛情で結ばれ結婚します。彼女が四六歳の時でした。

自然を守った女性

ビアトリクスは一九四三年九月に気管支炎で寝込み、一二月に亡くなります。その遺骨は羊飼いのトムによって、ニア・ソーリー村のある場所に散骨されましたが、その場所は秘密にされています。彼女は自分の墓に大勢の人々が押し寄せ、村が騒がしくなることを嫌い、また自分のプライバシーを死後も守り通したのでした。遺言により、六二〇万平方メートルの土地はナショナル・トラストに寄付されました。そのなかには一五の農場と多くの田舎家も含まれていました。彼女は死後も自然の保存と保護に心をくだいたのでした。

参考文献

『ビアトリクス・ポター――描き、語り、田園をいつくしんだ人』ジュディ・テイラー著、吉田新一訳、福音館書店、二〇〇一年。
ナショナル・トラストのホームページ（http://www.nationaltrust.org.uk/）。

あとがき

もう一〇年近く前のことですが、人文書院から絵本論『絵本をひらく――現代絵本の研究』が出されました。絵本研究の画期的な入門書です。監修をなさったのは、私の修士時代の恩師である谷本誠剛先生と敬愛する友人であり、翻訳者として活躍をなさっている灰島かりさんです。今や絵本ブーム、絵本に関する著作物も多いですが、当時としては絵本研究の扉を開いた絵本論でした。そして、この本は、まもなく中国語版も出版されると聞いています。人文書院といえば、学術書を専門に出版しているという硬いイメージを持っておられる方が多いのではないでしょうか。しかし、その出版領域は広く、哲学・思想、宗教から自然、芸術にいたるまで幅の広い分野の著作が出されています。

一昨年、その人文書院の伊藤桃子さんに、新しい絵本論を出していただけませんか、とお願いしたところ、すぐに学会の大会に来てくださり、企画を話すと検討してくださり、このたび、出版していただけることになりました。それでも出版にいたるまで一年半の年月を費やしました。

さて、私が絵本の研究をはじめて、かれこれ二〇年以上になりますが、私が絵本に取り組むようになったのは、谷本先生と出会ってからでした。私は、新設された大学院入試の面接で、はじめて先生にお会いしたのですが、先生は私の研究計画書をおもしろいと褒めて下さいました。運よく合格できた私たちは、恵まれた環境で学びましたが、授業開始後まもなく、文学研究科の先生方と第一期大学院生の懇親会が、逗子で開かれました。働きながら通学していた私は、当日、勤務校の会議が長引き、一人遅れて店にかけつけたのでした。会はすでにはじまっており、大広間にずらりと先生方が座っておられ、院生が一人一人、先生方と向かい合って座っていました。見ると空いた席は一番奥の、研究科長であった谷本先生の前だけでした。係りの方に促されて、私は這うように奥まで進んでいって畏《かしこ》まって先生の前に座ったのでした。やがて落ち着くと、谷本先生が次のように質問されました。「藤本さんは、お子さんがいるそうですね。絵本を読んであげたりしますか」「はい、毎晩のように読んでいます」当時、『ピーターラビット』のシリーズを子どもと一緒に楽しんでいた私は答えました。すると、「西洋では、絵本は学問として研究の対象になっていることを知っていますか？」「えっ！」青天の霹靂でした。その日以来、私は谷本先生の研究室によくお邪魔するようになって、結果的に絵本論で修士論文を書くことになったのでした。

私はこれまでにも何冊も絵本論を書いてきましたが、この絵本論は、当初、研究仲間と使用している専門用語を用い、当たり前と思って書き進めていたのですが、編集を担当してくださった伊藤さんのアドバイスで、いろんなことに気づかされました。これから絵本を学びたいという若い方々の気持ちが読んでみると……、好きな絵本をさらに楽しみたいと思っている読者の視点で読んでみると……など、貴重なご意見をいただきました。そしてそのたびごとに文章を推敲し、内容もわかりやすくなったと思っています。

この絵本論は、子育て中に書いた文章を「まえがき」に入れています。わが子を前に絵本を読んでいたときの思いがこもっています。また、前半では絵本作家ユリー・シュルヴィッツの絵本論を紹介し、絵本は舞台である紙面で、役者である登場者が動く、というユニークな絵本論で導入しました。続いて、世界中で親しまれている名作絵本を用いて、絵本の基本を具体的に解説しました。絵本の基本的構成要素、ことばと絵の関係、絵本の物語論、結末の結び方、と展開してあります。後半はイギリス、アメリカ、オランダの代表的な絵本作家とその作品を用いて、作家の生まれ、育ち、教育歴、名作誕生の背景、受賞歴など記し、作品の特質を時代に結びつけて論じました。読み応えのある作家論になっていると思います。さらにコラムには、「絵本のさまざまな楽しみ方」、「自然を愛し、守った女性——ビアトリス・ポターの生涯」を記しました。楽しんでいただけましたら幸いです。

最後に、企画・編集にあたっては、伊藤さんに何度もていねいにご意見やご指摘をしていただき、また図版に関する面倒な版権の問題から全体のレイアウトにいたるまで、並々ならぬお世話になりました。ここに深く感謝し、お礼申し上げます。

いつも陰になり日向になり支えてくれている妻に感謝して

二〇一五年　春　茅ヶ崎にて

藤本朝巳

『ダンデライオン』ドン・フリーマン作，アーサー・ビナード訳，福音館書店，2005年
『だんまりこおろぎ――虫の音がきこえる本』エリック・カール作，くどうなおこ訳，偕成社，1997年
『つるにょうぼう』矢川澄子再話，赤羽末吉画，福音館書店，1979年
『天人女房』稲田和子再話，太田大八絵，童話館出版，2007年
『どうぶつえん』アンソニー・ブラウン作，藤本朝巳訳，平凡社，2003年

は行
『ハーモニカのめいじん レンティル』ロバート・マックロスキー文・絵，まさきるりこ訳，国土社，2000年
『はらぺこあおむし』エリック＝カール作，もりひさし訳，偕成社，初版1976年，改訂版1989年
『ピーターラビットのおはなし』ビアトリクス・ポター作・絵，いしいももこ訳，福音館書店，初版1971年，新装版2002年
『フレデリック――ちょっとかわったのねずみのはなし』レオ・レオニ著，谷川俊太郎訳，好学社，1969

ま行
『まどのそとのそのまたむこう』モーリス・センダック作・絵，わきあきこ訳，福音館書店，1983年
『まよなかのだいどころ』モーリス・センダック作，じんぐうてるお訳，冨山房，1982年，
『もりのなか』マリー・ホール・エッツ文・絵，まさきるりこ訳，福音館書店，1963年

や行
『やまなしもぎ』平野直再話，太田大八絵，福音館書店，1977年
『ゆめのゆき』エリック・カール作，あおきひさこ訳，偕成社，2002年
『よあけ』ユリー・シュルヴィッツ作・画，瀬田貞二訳，福音館書店，1977年

ら行
『リベックじいさんのなしの木』テオドール・フォンターネ文，ナニー・ホグロギアン絵，藤本朝巳訳，岩波書店，2006年

偕成社，1975 年
『ケニーのまど』モーリス・センダック作，じんぐうてるお訳，冨山房，1975 年
『こうえんで…――４つのお話』アンソニー・ブラウン作，久山太市訳，評論社，2001 年
『こうえんのさんぽ』アンソニー・ブラウン作，谷川俊太郎訳，佑学社，1980 年
『こぐまのくまくん』E. H. ミナリック文，モーリス・センダック絵，まつおかきょうこ訳，福音館書店，1980 年

さ行

『さかなはさかな――かえるのまねしたさかなのはなし』レオ・レオニ著，谷川俊太郎訳，好学社，1975 年
『さびしがりやのほたる』エリック・カール作，もりひさし訳，偕成社，1995 年
『サリーのこけももつみ』ロバート・マックロスキー文・絵，石井桃子訳，岩波書店，1976 年
『三びきのやぎのがらがらどん』マーシャ・ブラウン絵，せたていじ訳，福音館書店，1965 年
『したきりすずめ』石井桃子再話，赤羽末吉画，福音館書店，1982 年
『じぶんだけのいろ――いろいろさがしたカメレオンのはなし』レオ・レオニ作，谷川俊太郎訳，好学社，2000 年
『ジョニーのかたやきパン』ルース・ソーヤー文，ロバート・マックロスキー絵，こみやゆう訳，岩波書店，2009 年
『スイミー――ちいさなかしこいさかなのはなし』レオ・レオニ著，谷川俊太郎訳，好学社，1969 年
『すきですゴリラ』アントニー・ブラウン作・絵，山下明生訳，あかね書房，1985 年
『すばらしいとき』ロバート・マックロスキー文・絵，わたなべしげお訳，福音館書店，1978 年
『そらまめくんのベッド』なかのみわ作・絵，福音館書店，1997 年
『そらまめくんとめだかのこ』なかのみわ作・絵，福音館書店，2000 年

た行

『たいようもつきも――フランチェスコのうた』キャサリン・パターソン文，パメラ・ドルトン絵，藤本朝巳訳，日本キリスト教団出版局，2013 年

登場作品リスト

あ行

『あおくんときいろちゃん』レオ・レオーニ作・絵，藤田圭雄訳，至光社，1967 年

『あなはほるもの おっこちるとこ――ちいちゃいこどもたちのせつめい』ルース・クラウス文，モーリス・センダック絵，わたなべしげお訳，岩波書店，1979 年

『アレクサンダとぜんまいねずみ――ともだちをみつけたねずみのはなし』レオ・レオニ作，谷川俊太郎訳，好学社，1975 年

「アンガス」シリーズ

『うさこちゃんとじてんしゃ』ディック・ブルーナ文・絵，まつおかきょうこ訳，福音館書店，1984 年

『うさこちゃんのにゅういん』ディック・ブルーナ文・絵，いしいももこ訳，福音館書店，1982 年

『うさこちゃん ひこうきにのる』ディック・ブルーナ文・絵，いしいももこ訳，福音館書店，1982 年

『うちのパパってかっこいい！』アンソニー・ブラウン作，久山太市訳，評論社，2000 年

『海べのあさ』ロバート・マックロスキー文・絵，石井桃子訳，岩波書店，1978 年

『おとうさんの庭』ポール・フライシュマン文，バグラム・イバトゥリーン絵，藤本朝巳訳，岩波書店，2006 年

『おんぶはこりごり』アンソニー・ブラウン作，藤本朝巳訳，平凡社，2005 年

か行

『かいじゅうたちのいるところ』モーリス・センダック作，じんぐうてるお訳，冨山房，1975 年

『かもさんおとおり』ロバート・マックロスキー文・絵，渡辺茂男訳，福音館書店，1965 年

『かようびのよる』デヴィッド・ウィーズナー著，当麻ゆか訳，福武書店，1992 年，徳間書店，2000 年

『くまさん くまさん なにみてるの？』エリック・カール絵，ビル・マーチン文，偕成社編集部訳，1998 年

『くまのコールテンくん』ドン・フリーマン作，まつおかきょうこ訳，

著者略歴

藤 本 朝 巳（ふじもと・ともみ）

1953 年熊本県生まれ。青山学院大学英米文学科卒業。米国ポートランド州立大学留学。2007 年度ケンブリッジ，アングリア・ラスキン大学客員研究員。現在，フェリス女学院大学文学部教授。日本イギリス児童文学会事務長。絵本学会理事。JBBY（日本国際児童図書評議会）理事などを歴任，日本口承文藝学会等会員。

著書に『絵本のしくみを考える』（日本エディタースクール出版部），『子どもに伝えたい昔話と絵本』（平凡社），共著書に『昔話入門』（ぎょうせい），『ベーシック 絵本入門』（ミネルヴァ書房），『絵本とイラストレーション』（武蔵野美術大学出版局），訳書に『こびととくつや』『ヘンゼルとグレーテル』（平凡社），『ロンポポ』『七ひきのねずみ』（古今社），『シェイプ・ゲーム』（評論社），『リベックじいさんのなしの木』『おとうさんの庭』（岩波書店），『リンゴのたび』『宝島』（小峰書房），『たいようもつきも――フランチェスコのうた』（日本キリスト教団出版局）など多数。

子どもと絵本　絵本のしくみと楽しみ方

2015年4月10日　初版第1刷印刷
2015年4月20日　初版第1刷発行

著　者　藤本朝巳
発行者　渡辺博史
発行所　人文書院

〒612-8447　京都市伏見区竹田西内畑町9
電話　075-603-1344　振替　01000-8-1103

印刷所　創栄図書印刷株式会社
製本所　坂井製本所
装　丁　上野かおる

落丁・乱丁本は小社送料負担にてお取り替えいたします

© Tomomi FUJIMOTO, 2015 Printed in Japan
ISBN978-4-409-18005-1　C0095
落丁・乱丁本は小社送料負担にてお取り替えいたします

JCOPY 〈(社)出版者著作権管理機構委託出版物〉

本書の無断複写は著作権法上での例外を除き禁じられています。複写される場合は、そのつど事前に、(社) 出版者著作権管理機構（電話03-3513-6969, FAX 03-3513-6979、E-mail: info@jcopy.or.jp）の許諾を得てください。

谷本誠剛・灰島かり編

絵本をひらく 現代絵本の研究

2500円

センダックから「リサとガスパール」まで。アート、文学、教育、メディアなど、重要な視点を明らかにしつつ、現代の人気作家30人の作品を読み解く。作品論のほか作家紹介と作品リスト、用語解説、研究のための参考文献リストが付く、絵本研究入門に最適の一冊。

吉田純子編

身体で読むファンタジー フランケンシュタインからもののけ姫まで

2400円

空想が身体を描出するファンタジーの作品において、ジェンダー化された女性の身体表象から、男／女の欲望、不安と夢を解読する。男の性的幻想が作り出した「女の身体」のみならず、生む性としての「女の空想」が自ら描きはじめた身体、セクシャリティに注目する点に特色がある。

ロバータ・S・トライツ著　吉田純子監訳

宇宙をかきみだす 思春期文学を読みとく

2600円

若者は、家族や学校、宗教といった権威のあいだで葛藤し、人種、民族、ジェンダー、階級、セクシュアリティにまつわるアイデンティティの政治を発見する。ポスト構造主義理論でヤングアダルト文学を読みとき、テクストのなかの権力と抑圧をはねかえす力を手に入れる。

いとうかずこ文　金井久美子絵

ねこのしんのすけ

1600円

ちっちゃくて、おかしくて、かわいく、きれいで、やさしいうちのしんのすけ。ときには、飛んだり跳ねたり、走ったり、登ったり、落ちたり……。美しい自然のなかで三人と一ぴき、出会いとやがて訪れる別れの日まで。心にしみる〈家族〉のものがたり。魅力満点イラスト猫百態。

表示価格（税抜）は2015年4月現在